Journal intime d'un bébé formidable

Du même auteur
(Extraits choisis)

Petit traité de vélosophie, Plon, 2000
Petit traité de footballistique, Albin Michel, 2004
Carnets intimes, Fluide Glacial, 2004
Journal intime d'un bébé formidable, Flammarion, 2005
Ton père, ce héros, Flammarion, 2006 et J'ai lu 2008
Nous deux moins toi, petit précis de rupture amoureuse, Flammarion, 2007

Contact : www.tronchet.com

DIDIER TRONCHET

Journal intime d'un bébé formidable

J'AI LU

Bien-naître

An zéro

MON CORPS ET MOI

JE M'APPELLE Antoine. Je ne suis qu'un très jeune bébé. Néanmoins, j'ai choisi de tenir ce journal sur le vif, sans plus attendre, de manière à ne rien manquer des premiers instants. C'est sans repère chronologique (j'en suis vraiment au tout début, je tâtonne). C'est un peu brouillon. C'est, en tout cas, à mon image : bouillonnant, anarchique, maladroit, mais sincère.

J'AI LONGTEMPS pu mesurer l'univers à la longueur de mes bras. La douceur placentaire était une limite certes, mais agréable et sécurisante. Pour le moment, je ne vous le cache pas, je souffre surtout de l'absence de point d'appui.

Je veux bien changer de monde pour un plus grand. Mais, pour la transition, j'aurais préféré une taille entre-deux.

FORT HEUREUSEMENT, j'ai identifié un rituel qui m'offre mon premier repère. Qu'il me suffise de confier ma profonde détresse, exprimée à grand renfort de cris stridents et de gesticulations poings fermés, et me voici enfournant profondément le téton de la Vie, entourant de mes bras la volupté faite chair blanche et douce.

Et là, je tète comme un forcené, jusqu'à ce que, quelques secondes et hop, jaillisse un chaud liquide. Je m'en goberge sans modération. Tant pis si j'en régurgite la moitié sur mon pyjama à lapins. Sachez que c'est ça ma conception de la vie : pas de calculs mesquins. Tout engloutir !

« Vite, et fort ! », c'est ma devise et pour un bon moment.

CETTE FRÉNÉSIE sans doute excessive à l'approche du sein, qui me fait perdre tout sens de la mesure, n'est pas d'essence exclusivement alimentaire. Non. Il s'y glisse une trouble sensualité. Outre le goût du lait à nul autre pareil (épargnez-moi vos saletés en poudre dans leurs boîtes de fer !), règne autour de ce téton une odeur (précisément) entêtante, nostalgie de mon pays natal.

À CE PROPOS, vous ai-je parlé du bain ? Je sais, il est illusoire de chercher dans une cuvette en plastique un peu de ce bonheur amniotique du ventre maternel. C'est le passé, n'en parlons plus. Mais tout de même, ce souvenir d'apesanteur, cette chaleur protectrice sur ma peau… Et toute ma jeunesse revient ! Chaque fois je me fais bluffer : dès que les talons, puis les genoux, puis le ventre retrouvent le contact avec l'univers liquide, je me dis : « Ça y est ! Je retourne chez ma mère ! »

L'illusion serait parfaite s'il n'y avait pas l'autre grand, là, avec ses bras immenses, qui me maintient obstinément la tête hors de l'eau… Mais qu'il me laisse me retourner ! J'ai l'habitude !

Et puis mes mains heurtent les parois rêches (on est très loin du velours placentaire). Là, je comprends que c'est raté, ce n'est pas encore pour cette fois. L'autre me retire déjà de l'eau, soudain il fait froid, sa serviette me gratte, tout est nul. Je pleure.

CE MATIN, j'ai réussi à atteindre mes pieds. Ça faisait un moment que je les avais repérés ces deux-là. Ils batifolaient en toute liberté. J'étais sur le dos. Hop, j'en ai chopé un au vol. Vous dire l'effet que ça m'a fait ? Étrange. Car au moment où j'avais le sentiment de saisir, j'avais aussi le sentiment *d'être saisi.* J'étais en quelque sorte l'attrapeur et l'attrapé. Ce n'était pas désagréable. Dans cet univers chaotique où je me meus (si peu d'ailleurs), c'était comme un cercle qui se clôt, un territoire qui se définit.

AINSI, ces deux pieds batifolants et moi-même appartenons au même espace sensitif. L'information du jour est de taille et suffit à mon bonheur de chercheur : le territoire personnel dont j'explore les limites vient de s'élargir à ces deux pieds. Satisfait de cette double annexion, je m'endors illico comme une masse.

C'EST UN PROBLÈME, ces pertes de conscience. Je me réveille toujours dans un endroit différent. Le décor a changé, les silhouettes qui se penchent sur moi également. Je dirais aussi que *l'humeur* du lieu n'est plus la même. Je suis très sensible à ces variations de luminosité, d'odeurs, et d'arrière-fonds sonores.

Comment et pourquoi s'opèrent ces changements en mon absence ? Je me promets chaque fois de rester éveillé pour voir. Et chaque fois, je m'éveille ailleurs.

JE NE SAIS PAS si ça va durer mais dès que je remonte à la surface de la vie, tout m'intéresse, m'épate ou me fait peur. Et quelquefois tout cela en même temps. C'est excessif mais ça me ressemble assez : j'ai un appétit de vivre et de savoir proprement abyssal !

Et je ne m'habitue pas : mon compteur de curiosité est sans cesse remis à zéro. Je peux voir dix fois les mêmes choses, dix fois je suis sur les fesses. En gros, chaque fois que je m'éveille, je nais. Retenez-le : c'est une bonne technique pour ne jamais s'ennuyer. Moi, en tout cas, j'ai pas le temps.

IL FAUT DIRE aussi que tout est *vraiment* épatant. Toutes ces couleurs, ces formes… Je suis perpétuellement époustouflé par un flot de sensations. Parfois, c'est trop, je pleure. Et quand c'est trop trop, je dors.

Vous comprendrez que mes jours soient plus courts que les vôtres. Que je puisse en vivre cinq pour une seule de vos journées.

JE PORTE TOUT à la bouche. Le goût est un outil très sûr de connaissance de l'univers. Il me permet de classer le monde des objets en deux catégories strictes et sans appel : les choses qui donnent du lait, et celles qui n'en donnent pas. Je ne vous cache pas ma préférence pour les premières.

AUJOURD'HUI, j'ai essayé ma voix. Plutôt réussi. Rien à voir avec le caquètement des gens qui m'entourent. C'était, disons, plus… fluet. Un mélodieux gazouillis, qui m'a étonné. Tout comme les pieds du bout de mes jambes sont aussi moi, ce son est encore moi. Sauf qu'il cesse d'être moi quand je ne le produis plus. Il s'envole dans le silence. Moins fidèle que les pieds, donc.

AU CHAPITRE des grandes découvertes, je citerais… les oreilles. Ma main divaguait là-haut, sans but précis. Quand soudain elle capta cette écoutille pavillonnaire de chair chiche mais ferme, solidaire de la tête par un point d'attache résistant. Cette oreille aussi était moi, mais de façon si discrète que nous ne nous étions pas encore remarqués. Les présentations faites, je me mis en quête d'un appendice jumeau, incrusté semblablement sur mon crâne. Ai-je en moi une notion innée de la symétrie ? Je dirigeais instinctivement mes recherches à l'exact opposé de la tête, au moyen de l'autre main. Gagné ! La même !

La carte de ma géographie personnelle venait de s'enrichir de deux nouvelles conquêtes. Et par là même, un peu de mon obscurantisme anatomique se dissipait encore.

CHERS (ET DÉVOUÉS) PROCHES qui partagez ma vie, pardon pour cette nuit… Je crois que j'ai une nouvelle fois abusé de votre patience. Je ne sais pas ce qui m'a pris, je dormais pourtant bien. Et puis quelque chose de violent qui me tordait le ventre m'a expulsé du sommeil et jeté dans des cris de rage. Dans ces cas-là, une urgence : faire cesser ce malaise insupportable. Il était sans doute tard (je redoute même que ce ne soit au cœur de la nuit), mais il me faut ce liquide chaud qui irrigue ma gorge, comble mon être, me redonne vie.

Ensuite, je crains d'avoir délaissé sans un mot la chère source de jouvence maternelle (tirée du lit, embrumée de sommeil et déchirée par mes cris), pour m'en retourner à mes affaires, paupières collées à nouveau, dans un dernier rot de satisfaction goujate. Il faut reconnaître que c'est un peu mon style.

JE NE SUIS PAS un mauvais bougre : qu'on se penche sur mon couffin, droit dans les yeux, et je gratifie le visiteur d'un large sourire qui le fait fondre et sourire à son tour. Un sourire communicatif qui recèle dans ses petites commissures toute la douceur du monde. Qu'une armée en partance pour la guerre se penche sur mon berceau, et je me fais fort de désamorcer, soldat après soldat, toutes velléités belliqueuses.

ATTENDRISSANT TOUJOURS, ridicule jamais ! Mes maladresses, les approximations de ma motricité balbutiante n'attirent sur moi aucun quolibet. Au contraire, c'est une compassion amusée mais véritable qu'on offre en retour à mes frasques diverses. Nul ne songe à se foutre ouvertement de ma tronche quand je heurte pourtant bêtement le bras du fauteuil. Chacun se précipite vers moi, bouche en « O » et sourcils circonflexes, dans un même élan consolateur.

Est-ce dû au naturel avec lequel j'accomplis toute chose ? Nulle prétention dans mes intentions, nulle arrogance déplacée dont le rire viendrait à juste titre fustiger l'échec. Ma bonhomie, cette inconscience du débutant, me confère un capital de dignité rarement écorné.

Il y a quand même ce moment peu glorieux, je dois le dire, où je ne jure pas de préserver tout mon honneur : lorsqu'on me met en position assise, n'importe où, sur un lit par exemple. Je l'avoue, c'est une station que je ne parviens pas à maintenir sans le soutien d'un siège ou de sangles. Et pour peu qu'on m'ait oublié, me voilà, m'avachissant progressivement sur le côté, puis glissant mollement jusqu'à me répandre, c'est le mot, dans l'horizontalité pathétique d'une tortue sur le dos.

J'ai souvent surpris dans le sourire de mon garde personnel (pourtant responsable de cet épandage corporel par son inattention !) comme une consternation, en cet instant de débâcle où mon nez s'enfonce entre les plis de couverture de ma dignité perdue.

Ne nous voyez pas comme des êtres « en devenir ». Ne nous considérez pas comme des entités transitoires. Des apprentis-enfants, des adultes stagiaires. Non. Que votre vie à nos côtés ne soit pas la longue attente du moment béni où nous atteindrons notre forme définitive, où nous serons enfin « finis ». Nous existons, là, tout de suite, tout le temps. C'est déjà nous, nous tout entiers. Nous sommes « finis » à chaque instant.

ÇA Y EST, j'ai à peu près identifié qui est qui dans cette boutique. Les têtes qui reviennent le plus dans l'axe du berceau, ou les bras qui me soulèvent pour ces courts déplacements aéroportés, me sont maintenant familiers. Têtes et bras, mais aussi odeurs, voix et silhouettes dont l'agrégation subtile me permet de répertorier sûrement mes interlocuteurs. Par commodité, nous nommerons *mère* la paire de seins encadrée d'une chevelure rousse flamboyante ; et ma *sœur*, cette autre catégorie d'être humain, physiquement proche de la première, mais, détail amusant, d'une taille deux fois moindre !

Il faudrait y adjoindre une dernière catégorie de personnage, inclassable : cette... comment dire... chose noire et velue, avec une tête allongée, tout en langue, marchant au ras du sol sur quatre membres en éructant bruyamment. Celle-là, je l'intègre dans mon environnement pour ne pas la vexer, mais entre nous, comme être humain, je trouve qu'elle est limite...

L'AUTRE GRAND, là, c'est mon père. Je me suis longtemps demandé ce qu'il fichait à tourner autour du couple merveilleux que nous formons, mère et moi. Il semblerait que c'est sa place, qu'il est aussi un peu chez lui. Après tout, qu'il reste, je ne vois pas bien à quoi il sert, mais tant qu'il ne gêne pas trop...

Ce gaillard a pris l'habitude d'apparaître, hirsute, pardessus l'épaule de mère chaque fois que la relation mammaire qui m'unit à elle si intimement m'a comblé d'aise et que, muscles relâchés et panse pleine, je décoche à la tenancière des deux seins un sourire de reconnaissance dont j'ai le secret.

Chaque fois il semble se rembrunir, comme froissé de ce sourire exclusif, à mère destiné, et auquel il semble prétendre lui aussi (au nom de quoi je vous le demande ?). Jusqu'à présent, j'ai toujours ignoré cette requête, et laissé mon regard vide vaquer alentour. Partout sauf vers son regard à lui. Et puis quoi encore ?

QUI SUIS-JE moi-même exactement ? Peu m'importe. Ce questionnement sur le *moi* n'est pas d'actualité. J'avoue ne pas encore bien faire la différence entre ce Moi et l'univers. Ma position centrale, voire globale, me convient assez. Il sera toujours temps de faire le tri plus tard.

BON, PEUT-ÊTRE l'ai-je mal jugé, mon grand gaillard de père. Je crois qu'en fait, c'est un marrant. Il a un truc auquel je ne peux pas résister : il tourne la tête, un œil fermé et la langue pendante. Ce n'est pas la grande finesse. Mais moi j'adore. C'est simple, efficace, et surtout, c'est un numéro très visuel. Je n'en suis pas à apprécier les subtilités lexicales des contrepèteries et autres calembours d'initiés aux sciences du langage. Surtout, je suis encore totalement hermétique à votre fameux second degré.

Laissez-nous, père et moi, à nos bonnes vieilles blagues à base de mimiques d'avant le langage, aux origines du rire.

LA POUSSETTE aussi est un bel outil de connaissance du monde. Parfois père ou mère me place dedans, emmitouflé. Elle s'ébranle toute seule et me voilà parti arpenter le Grand Extérieur de la Vie.

Enfin seul ! J'ai besoin de ces moments d'indépendance. Dommage, cette propension à m'y endormir sitôt assis. Car le spectacle là aussi est sidérant. Du moins ce que je ne loupe pas, c'est-à-dire le début.

Cette somnolence n'entrave en rien le trajet de la brave poussette, qui connaît bien le chemin du retour. Elle me ramène toujours à la maison après notre promenade solitaire. Père ou mère surgissent soudain de derrière moi, nullement inquiets d'avoir confié leur ci-devant bébé à une simple poussette. Parfois, ils s'affolent pour moins que ça.

ILS SONT CURIEUX dans mon entourage. Un instant, ils sont là, puis ils n'y sont plus. Allez savoir pourquoi. Quelles obscures motivations les poussent à quitter mon champ de vision ? Qu'ont-ils de plus nécessaire, de plus vital à faire que s'occuper de moi ? Il m'arrive de devoir pousser un grand coup de gueule pour rappeler mes troupes à l'ordre.

Les disparitions les plus pénibles sont celles de mère. Alors là, je ne comprends pas ces infidélités, après ce qui s'est passé entre nous. Comment peut-elle galvauder toutes ces heures vécues ensemble, cette belle aventure de la Vie, par un comportement soudain dilettante, un détachement blessant qui confine à l'abandon pur et simple ? Mère, je préfère savoir... Il y a un autre bébé dans votre vie, c'est ça ?

PÈRE EST DÉFINITIVEMENT un expert en grimaces. Ça me touche beaucoup tous ses efforts pour me faire sourire. Quel artiste ! Il faut le voir, quand il remonte la poussette au quatrième étage, avec moi dedans, comme il tire la langue, comme il ahane, comme il réussit de superbes empourprements de visage, rehaussés de perles de sueur du plus bel effet (spécialement à l'attaque du quatrième étage). Il faut savoir remercier les artistes : je lui tire la langue à mon tour, et salue d'un grand éclat de rire chacune des crispations de sa mâchoire écarlate.

Le spectacle de père s'achève par un dépôt de poussette très réussi devant la porte, suivi d'une profonde expiration, les yeux comme des billes et la main accrochée au mur. Final de toute beauté d'un show qui n'a eu qu'un spectateur, mais fin connaisseur en matière d'humour. « Encore ! » ai-je envie de crier à l'acteur, qui, modeste, disparaît déjà dans le fauteuil du salon, livide.

DANS LA GAMME des moyens de transport inventés par l'être humain, j'aime aussi le porte-bébé. Vous savez, cette poche ventrale à bretelles. On m'y glisse, bras et jambes libres. Prolongement organique de mon père, j'y goûte les plaisirs de la télé-transportation. Quelques centimètres en avance sur père, je fends le réel de ma bouille hilare, battant l'air des pieds, dans une forme jouissive d'apesanteur.

J'ai l'impression d'être un éclaireur aux avant-postes, annonçant par son babil l'arrivée imminente du paternel jambulatoire. Certes, je le précède de très très peu ; néanmoins, cette courte tête d'avance me confère une importance dont je suis tout gonflé. C'est moi que les passants interpellent en premier, et lui ensuite (souvent d'ailleurs pour le féliciter de moi).

Je crois que cet attelage nous convient bien à tous les deux. Car père m'arbore comme une excroissance de lui-même (ne suis-je pas la chair de sa chair ?), un petit alter ego sur qui les compliments ricochent pour finalement le toucher lui. Tous deux, soudés génétiquement, et par une paire de bretelles. Pour achever de ficeler l'imbroglio charnel et élastique que nous formons aux yeux du monde, et signifier que je ne suis pas moins fier de lui qu'il ne l'est de moi, j'entoure ses deux index de mes petits poings fermés, comme les deux manettes d'un avion biplace en joyeux rase-mottes.

AUJOURD'HUI, un contact s'est établi. Langue recourbée et au moyen du souffle, j'ai produit l'un de ces « PFFRRTTT » qui font mon bonheur. Ce bruit est une manifestation de ma présence au monde, quand bien même je serais immobile, quantité négligeable au fond d'un couffin. Mon intrusion sonore vient déchirer l'épaisseur du silence de part en part, et accrédite l'idée que je suis bien là sur cette Terre, entité éructante, avec laquelle il faudra désormais compter. C'est aussi un plaisir purement physiologique, ce souffle que j'expulse par ma seule volonté et qui se transforme en son au contact de l'air.

Aujourd'hui, donc, à cette manifestation orale, les adultes ont répondu par le même « PFFRRTTT », avec le même effet de langue. Cet événement d'apparence anodine est en fait une réelle avancée dans le rapprochement générationnel. Il démontre que l'on peut *communiquer* avec les adultes. À un signal que je leur envoie, ils répondent par le même. C'est considérable ! L'isolement autiste dans lequel je me trouvais confiné vient de se fissurer. Nous parlons donc *le même langage* ! Certes, cet échange est dérisoire. En termes de communication, nous nous situons dans l'ordre de l'infime, du basique. Cette science en est à ses balbutiements (c'est le mot !). Mais elle recèle un potentiel vertigineux. Peut-être pourrons-nous un jour affiner ce mode de communication labiale, l'enrichir d'autres effets sonores et (pourquoi pas ?) faire ainsi passer d'autres informations intimes d'eux à moi, de moi à eux, au moyen de la bouche ! ?

Pour l'instant, loin de ces perspectives excitantes, je savoure notre nouveau mode de dialogue en produisant dans la foulée un autre « PFFRRTTT » auquel ils font écho pareillement, en riant. Il y a quelque chose de merveilleux dans ce contact soudain entre deux planètes. Je ris à mon tour. Ils rient aussi. Quelle conversation passionnante !

L'AUTRE JOUR, j'étais dans le porte-bébé. Quand tout à coup, un bruit puis une agitation terrifiante, là, devant moi. Mes bras et mes jambes se tendent brusquement, ma bouche et mes yeux s'arrondissent. Il faut tout le calme de la voix de père pour que je reprenne mes esprits. C'était une nuée de pigeons. Ils se sont envolés d'un coup.

Rétrospectivement, ma réaction de stupeur, bras en croix, sourcils en circonflexe, peut sembler disproportionnée. Pardonnez-moi, je ne connais pas les proportions. Je suis naturellement dans l'excès. Joies, peurs, je donne aussitôt dans le paroxysme. Ajoutez à cela que je suis incapable de cacher mes sentiments. Alors, ne vous étonnez pas si tout m'étonne.

JE SUIS CONTENT de ma sortie avec papa : un présentoir de cartes postales renversé, deux journaux arrachés, trois bretelles de soutien-gorge tirées. Bonne journée. Père semble en dresser un bilan plus mitigé. Quand saura-t-il se satisfaire des joies les plus simples ?

CE MATIN, j'ai essayé d'attraper les fleurs de la nappe. Elles étaient plates. Comme fondues à la surface. Insaisissables. Je n'ai pas aimé cette façon qu'elles ont eue de se dérober à ma préhension, de tout à coup jouer les inexistantes, lors même qu'une seconde auparavant, elles se donnaient, rouges, désirables, proches, offertes. Ce fut un camouflet. On ne m'y reprendra plus.

À L'ISSUE d'une de mes inexplicables séances de pleurs, père, excédé, me secoue violemment sur le lit, les deux poings agrippés aux revers de ma barboteuse. Mes cris redoublent, évidemment. Mère accourt, je me réfugie dans l'ambassade de ses bras. Père disparaît, fumant des naseaux, accablé de lui-même. Instantanément, je recouvre ma sérénité.

Plus tard, voici père qui revient, penaud, louvoyant. Aussitôt je lui tends les bras et tombe dans les siens. Tout est pardonné, tout de suite et pour toujours. On peut me trouver bien des défauts, mais rancunier, ça non, je sais pas faire.

QUAND PÈRE est de garde, je le sens parfois s'impatienter. Insensiblement, il va tenter de concilier l'inconciliable c'est-à-dire son devoir de me garder avec ses envies de faire autre chose (et Dieu sait qu'il en a des envies, spécialement quand il est avec moi, à croire qu'elles lui tombent toutes dessus à ce moment). Alors ça, ça ne marche pas avec moi. Pas de ça, père. Vous connaissez mon axiome de base : ou vous êtes avec moi, ou vous êtes contre moi.

Dès lors, si vous n'êtes pas totalement avec moi (et ça, vous ne pouvez pas longtemps me le cacher), je m'ingénie à faire échouer, avec une réelle ingénuité mais aussi une subtile efficacité, toute tentative d'évasion. Essayez d'écrire (à qui ? pourquoi ?), et je vomis discrètement sur mon maillot tout propre. Tentez de téléphoner (à qui ? pourquoi ?), et je déclenche une belle sirène de hurlements.

On pourrait conclure à une regrettable manifestation d'égoïsme de ma part. Quelle erreur ! C'est tout l'inverse. Quand comprendrez-vous, père, que mon acharnement à vous retourner vers moi est d'abord une façon de vous détourner de vous ? Centre d'un monde factice, ne voyez-vous pas comme je vous recentre sur un monde charnel ? Cette part de vous-même qui se dissout au contact de l'extérieur alors qu'elle vous constitue, secrètement.

Et pourquoi croyez-vous que je suis là sur Terre, à vos côtés, vomissant, hurlant ? Vous avez la réponse, car vous êtes, comme chaque fois, incapable de m'en vouloir.

AUJOURD'HUI, à l'orée de mes six mois, j'ai eu une sensation étrange. Cette baignoire... Est-ce qu'elle n'aurait pas *rétréci* ? Naguère, les deux bords me semblaient si lointains. Et voilà que mes deux bras tendus les touchent presque. On ne m'ôtera pas de l'idée qu'ils se rapprochent.

Je me suis fait la même réflexion avec les bords du couffin. Qu'en déduire ? Assiste-t-on à un rétrécissement général du monde ? Suis-je le seul à m'en être aperçu ? Comme toujours, je m'endors avant la réponse.

TOUS CES JOUETS MULTICOLORES, ces peluches, semblent animés d'une vie propre entre les mains des grands. Ils gesticulent, gazouillent, parfois parlent distinctement et sans accent. Puis, quand les adultes les abandonnent, ils sont rendus à une stupéfiante inertie. Répandus sur le sol, gauches, cloîtrés dans un mutisme désobligeant, d'une cruelle fixité. Même un coup de pied ne les ramène pas à la vie. Un deuxième, c'est pour les punir.

NOUS N'ACCORDONS PAS notre attention aux mêmes choses que vous, les non-bébés. Un inconnu pénétrant soudain dans la maison et vous annonçant la fin du monde vous pétrifiera d'horreur. Nous, c'est la drôle de cravate qui dépasse de sa veste qui nous frappera. Et tout de suite après, l'envie irrésistible de tirer dessus.

PÈRE ME MONTRE LA VACHE, là, devant nous, à un mètre à peine. Devant nous et pourtant je ne la vois pas. Comment lui expliquer ? Père, c'est trop, cette vache. Je ne peux pas l'englober. Cette énormité ruminante déborde de ma capacité d'absorption. Pardon si je m'assois par terre, et m'abandonne à la contemplation d'un minuscule brin d'herbe qui bouge au vent, à votre grand désespoir de guide naturaliste. Mais ce brin d'herbe est à mon échelle. Dans le discours multiple que la nature nous adresse, lui parle mon langage.

J'AI L'AIR DE TOUT SAVOIR, d'avoir tout compris. Et dans la minute qui suit, je fais preuve d'une grande naïveté. Contradiction, me direz-vous, paradoxe à tout le moins. Absolument pas. Je suis ces deux bébés en même temps. Celui qui porte en lui, dès l'origine, tous les savoirs ; et l'ignorant des choses les plus élémentaires. Le grand sage éternel et le candide attendrissant. Porteur d'absolu qui trébuche sur les contingences.

Dans ces limbes que sont les débuts de la vie, je suis encore imbibé de toute la connaissance de mon espèce, mais engoncé dans une forme qui n'en permet pas l'expression. Permettez-moi pourtant de ne pas tout dévoiler. Et quand je disposerai de la capacité de m'exprimer (bientôt), j'aurai tout oublié. C'est le jeu. Mon cheminement humain sera d'en retrouver les parties. C'est ce parcours de redécouverte qui sera fondateur de ma qualité d'être, figurez-vous.

Pour l'instant, je suis dans le bouillonnement initial, qui me permet de formuler des hypothèses en toute liberté, avant le grand oubli. Ce ne sont que supputations, mais observez-nous bien, nous les bébés... Dans l'étincelle de l'un de nos regards, jurerez-vous n'avoir jamais saisi, une fraction de seconde, la fulgurance amusée de tous les savoirs du monde ?

Six mois

À NOUS DEUX, LES CHOSES !

Je pense honnêtement et sans forfanterie avoir fait le tour de tout ce que l'univers pouvait me proposer comme genre de matières. Après être passé par des classifications sommaires comme le dur et le mou, puis plus subtiles comme le chaud et le froid, j'en suis à différencier le rugueux du lisse. C'est vous dire le chemin parcouru. La paume de mes mains (outil infiniment délicat !) m'avertit avec une marge d'erreur assez faible du caractère acéré, voire contondant, de tel objet, et me rassure quant à la mollesse accueillante de tel autre.

Mais cette phase informative ne me suffit plus. Je veux passer à *la conquête* ! Ces choses, maintenant, je les veux ! Ici, toutes ! Ma soif de prendre, toucher, étreindre est inextinguible. Rien n'est plus gratifiant que d'arracher un morceau du monde et de le ramener à moi, dans la cage de mes bras. Une fois capturée, tripotée, analysée, une fois épuisées toutes les surprises de sa structure, son toucher, sa couleur et son odeur (et ça va très vite !), je relâche dans l'atmosphère la chose désormais dépourvue d'intérêt.

C'est fou comme les objets passent rapidement de l'infiniment désirable à l'infiniment méprisable. Fou aussi comme ils recouvrent tout leur intérêt une fois loin de moi. Les mêmes ! Ma conquête du monde des objets est sans fin, car à ceux qu'il me reste à connaître s'ajoutent ceux que j'ai déjà rencontrés et que je veux connaître à nouveau. J'oublie instantanément, et mon désir insensé se reconstitue à l'identique.

Je suis comme un guerrier amnésique qui livrerait chaque matin la même bataille, pourtant gagnée la veille.

Bémol : dans mon ambitieuse conquête du monde des objets, je suis victime d'une limite désolante. La longueur de mes bras.

Je vous ai parlé des mains, mais pas des pieds. Moins bien foutus que les mains, moins faciles à manœuvrer, ils élargissent néanmoins mon rayon d'action. Quand mes parents me placent dans la « zébulette », cette sorte de combinaison attachée au plafond par un élastique et qui simule la station debout, il m'est loisible, en jouant avec l'élasticité du cordon, d'aller attraper quelques objets : ballons, raquettes, ou, mieux encore, couteaux, fourchettes tombés au sol.

J'ai mis au point une technique : je saisis l'objet avec les pieds serrés et l'amène délicatement entre mes mains, plus sûres. Gros succès d'estime dans mon entourage. Il m'est souvent demandé d'exécuter ce numéro lors de visites de voisinage. Le prestige de père et mère s'en trouve renforcé, car ces deux-là s'attribuent sans vergogne tout le mérite de mon acrobatie, au prétexte qu'ils sont les auteurs de mes jours.

Quant à moi, je suis ravi de trouver un emploi à ces pieds dont la fonction ne m'apparaissait pas clairement jusque-là. En fait, les pieds sont les mains des jambes.

Dernière nouvelle : j'ai découvert de nouveaux genres de matière (c'est dingue, moi qui pensais en avoir fait le tour). Il n'y a pas que du dur ou du mou, du chaud ou du froid... Figurez-vous qu'il y a aussi de l'élastique et du gonflable !

Ces matières ont une allure inerte, petite, insignifiante. On est tenté de les mépriser au premier abord. Mais si on tire sur l'élastique, il *change de forme*, s'allonge inconsidérément, puis, à bout de souffle, retrouve sa petitesse. Quant au gonflable, pareil : cette petite boule rabougrie peut devenir pimpante et ronde, instantanément.

La championne des matières, selon moi, c'est la ventouse. Nous en avons une dans la baignoire. Là encore, objet anodin qui trompe son monde. Elle n'a l'air de rien jusqu'au moment où mère la pose sur le mur. Je répète cette incongruité : la pose sur le mur. Je n'ai encore que des notions sommaires de physique élémentaire, mais, tout jeune bébé que je suis, j'ai quand même repéré que poser un objet sur une surface verticale était voué à l'échec, et à un échec humiliant. Le mur refuse obstinément de conserver ce que vous lui donnez, vous le renvoie sinon au visage, du moins au sol. Quel camouflet !

Mesurez mon étonnement. Jaugeant le geste de mère plutôt ingénu pour une non-bébé, je m'apprête à lui rappeler ce que j'ai compris moi-même des lois de la gravité, quand cette fichue ventouse se met précisément à désobéir à ces lois ! Elle reste effrontément scotchée au carrelage. Je l'arrache de sa position quasi inexpugnable (un ongle glissé dessous en viendra à bout), la manipule en tous sens pour lui faire cracher son secret, et la range illico au panthéon de mes objets extraordinaires, avec la passoire à trous qui fait douche et le flacon de shampooing vide qui projette l'eau sur le visage de papa (pas mal non plus).

Y AURAIT-IL un malentendu entre père et moi ? Veut-il m'apprendre quelque chose ? Il se frappe la poitrine en disant « papa ». Ah ! Ça y est ! J'ai compris... À mon tour, je me frappe la poitrine en disant « papa ».

Je ne supporte pas ces couches de vêtements qui emprisonnent mon corps. À commencer par ces stupides chaussettes aux motifs fantaisie. Nostalgie de la planète prénatale où je courais nu sur des parois de velours ? Non, jamais je ne retrouverai le confort de ma doudoune placentaire...

Notre comportement de bébé pourrait être taxé d'inconséquent. Nous observant vivre, on pourrait nous trouver peu fiables, et encore moins rigoureux. Fiabilité, rigueur... Ces qualificatifs ne viennent pas d'emblée à l'esprit s'agissant de nous.

Et pourtant, il en faut de la rigueur pour dépiauter méthodiquement un bouquet de persil qui traîne sur la table, ne laisser aucune feuille intacte, en couvrir le sol avec application dans un large rayon autour de soi !

Parfois c'est vrai, j'ai envie de détruire. Casser. Froisser à tout le moins. Démonter, démantibuler. Défaire le fait. Cette barbarie peut vous épouvanter, en moi, si jeune. À moi elle procure une palpable sensation d'exister. Je casse donc je suis. C'est ainsi, sur mon échelle de valeur encore fruste, pardon, que je mesure la pertinence de ma présence sur Terre.

J'avoue que ce verre renversé, puis éclatant en mille morceaux dans un vacarme sans nom, me donne un féroce sentiment de vivre.

Il y a différentes intensités dans le plaisir de détruire. Quelquefois on me refile un sachet en plastique. Le bruit de froissement est satisfaisant, OK... Mais pour le reste : zéro ! Impossible de le déchirer. Une véritable escroquerie.

Il faut croire que j'ai un instinct de prédateur très développé. Un survol rapide de la table, et je repère en une microseconde ce qui fera le plus de dégâts. Par exemple, la bouteille, là. Non, pas la bouteille d'eau ! La bouteille d'huile, bien sûr... À l'essentiel, toujours !

AU RESTAURANT l'autre jour, j'ai employé mon temps libre, entre les plats, à détruire méthodiquement, centimètre carré par centimètre carré, la nappe en papier. Un travail de longue haleine, entamé par le coin gauche, achevé sur ma droite, par de minuscules et joyeuses lacérations. Honnêtement, du beau boulot.

Cette énergie consacrée à la destruction semble vous désoler. Vous n'êtes pas loin de juger cette pulsion « négative », encombrés que vous êtes de l'idée qu'une nappe est « utile » sur une table.

Considérez que cette volonté de détruire est notre façon d'éprouver la solidité du vieux monde que vous nous léguerez en héritage. De tester sa résistance, de ne rien tenir pour acquis. D'en faire l'inventaire sélectif ; séparer ce qui mérite de survivre de ce qui ne le mérite pas.

À ce compte-là, permettez-moi de vous annoncer d'emblée que vos nappes en papier de restaurant ne tiennent pas la route.

VOUS ME PRÉSENTEZ un jeu en forme de valise plate, avec des roulettes, des manettes, des couleurs qui tournent, des boutons qui font pouêt. Et vous attirez mon attention sur ces attractions avec un émerveillement un peu forcé. En fait, ce ne sont pas les jeux qui attirent mon attention, mais la valise elle-même. Je la retourne, j'en explore les bords du plat de la main... Vous vous focalisez sur le contenu, moi c'est le contenant qui m'intrigue. Je ne saurais me contenter de vos limitations. Épargnez-moi vos œillères. « Au-delà toujours », telle est ma devise.

Vous me proposez le monde à découvrir, moi c'est l'univers entier dont je veux saisir les contours.

C'EST BIEN CONNU : ce que nous autres bébés préférons dans les cadeaux, c'est l'emballage. Vous voulez nous faire plaisir ? Offrez-nous un emballage avec d'autres emballages dedans.

UN CONSEIL : n'essayez pas de m'impressionner par un tour de magie ou un numéro de passe-passe. C'est du gâchis. Faites disparaître votre pouce et retrouvez-le dans votre oreille, oui, si vous voulez… Tirez-vous des pièces de monnaie du nez si ça vous amuse, mais moi ça me laisse froid. Rien de ce qui est surnaturel ne m'étonne. Là où j'en suis, c'est le naturel qui m'épate. Ne vous fatiguez donc pas à créer de l'extraordinaire : l'ordinaire suffit à me combler de merveilles.

AUJOURD'HUI, j'ai pris la mesure de *ma puissance*. On pourrait croire ma capacité à influer sur le cours du monde assez faible, au vu de ma carrure. Et pourtant, je suis en mesure de modifier la structure d'un espace mille fois comme moi. Par un simple geste du doigt. Cet espace, c'est la cage d'escalier, pour l'instant obscure car plongée dans le noir sidéral.

Sur le palier, je suis dans le noir et dans les bras de père. Il me penche vers un petit bouton lumineux. Mon doigt hésite longuement, appuie. Et tout à coup la cage d'escalier apparaît en pleine lumière, visible jusque dans ses moindres détails. Surgie des ténèbres, comme née à elle-même.

L'AUTEUR de cette transfiguration est un jeune bébé de dix kilos à peine, ne sachant même pas marcher.

CETTE CHOSE, le téléphone, qui hurle et m'arrache brutalement mes parents, je la déteste. Je hurle encore plus fort.

C'ÉTAIT UNE BONNE SOIRÉE. Beaucoup de non-bébés à la maison, mais sympathiques. À un moment, on me présente à chacun, et tous me font le même signe de la main, les doigts qui se referment sur la paume. C'est drôle, je fais pareil. Tout le monde me sourit... Bref, la bonne ambiance.

Puis, tout à coup, un dernier signe de la main qui s'agite, et je me retrouve au lit, dans le noir, alors que je commençais à peine à m'amuser ! Alors, là, je n'ai pas vu le coup venir.

Je hurle.

MON PREMIER VÉLO ! Ça c'est un grand souvenir... Ce n'était pas exactement mon vélo, c'était un peu le vélo de père... Mais une fois juché sur le siège, là devant lui, sur la barre, les deux pieds dans les étriers, les deux mains sur le guidon... Qui prouvera que ce n'est pas moi qui pilote ?

Nous voici donc partis tous deux de par le monde, en ce fier équipage. Au souffle sur mon visage, je sentais l'air résister, mais pas longtemps. Nous glissions sur la surface de l'univers, tantôt lisse, tantôt chaotique, infinie. Rien ne nous arrêterait ! Nos quatre mains serrant le guidon, nous avions conclu ce pacte tacite, lui et moi : jusqu'au bout et au-delà !

Mais un phénomène extérieur saugrenu vint doucher notre enthousiasme. Le mot est juste. Car soudain, de là-haut (d'où ?), de l'eau se mit à tomber par morceaux liquides (mais pourquoi ?), mouillant nos épaules, vaillantes encore il y a peu, et refroidissant le bout de nos nez.

Je sentis immédiatement que l'événement contrariait père. Qu'il en comprenait la substance, et la jugeait néfaste. Qu'il ne soit pas illico frappé de stupeur était une bonne nouvelle, car à défaut de la mienne, sa compréhension des événements a toujours eu la vertu de me calmer. Je ne saisis pas grand-chose, mais au moins, le grand là-haut maîtrise l'affaire. Dès lors, je n'ai d'autre choix que de m'en remettre à lui ; lui le légataire universel de ma confiance.

Il me sembla qu'il vira de bord, et que nous rebroussions chemin. La cadence s'accélérait à mesure qu'augmentait le flot du ciel. L'univers entier était maintenant franchement liquide. Le foisonnement d'eau provenait aussi bien d'en haut que d'en bas, en fortes gerbes, ou encore, plus discret, gouttant des bords de ma capuche jusqu'au bout de mon nez. Père m'adressait par intermittences les bribes d'un discours rassurant, une voix chaude où perçait une once d'infime inquiétude (pour qui le pratique au quotidien). D'ailleurs, il n'osait plus franchir le cap de ma capuche de son œil interrogateur.

Quand il le fit enfin, à un arrêt, je sus qu'il fallait lui renouveler ma confiance sans la chipoter, à cet instant précis, il en avait besoin. Je lui lançai donc un regard de coin, lèvres tremblantes, et joues arrondies ; un regard qui disait en gros ceci : « Ne vous inquiétez pas père, j'ai un peu les jetons, c'est vrai, il se passe des trucs assez bizarres, j'arrive pas à tout saisir, mais je sens que ce n'est pas le moment d'en rajouter. Je sais que vous essayez de nous sortir de là avec beaucoup de bonne volonté, ça n'a pas l'air commode, ne vous occupez pas de moi, je ne voudrais pas être un poids, concentrez-vous sur la conduite. De mon côté, je m'arrange avec la terreur naissante dont l'état de mes couches témoignera à l'arrivée – si nous arrivons. Mais j'ai confiance en vous. Profondément, père. Vous ne m'avez jamais déçu. Allez. Courage. »

Puis, j'ai orienté mon regard loin devant, d'une manière qui signifiait : « Allons ! »

Et il m'a ramené à la maison. Une fois débarrassé de la bouillie de mes couches et de mes chaussures lourdes d'eau, j'ai sauté dans le bain (chaud, enfin !). Ô combien j'avais eu raison de lui rester fidèle, à ce papa trempé lui aussi, mais soulagé.

C'est peut-être à la faveur de ces événements anecdotiques que se tisse entre un père et son fils, qui n'ont pas connu la relation ombilicale, un lien secret qu'on ne pourra jamais défaire.

CET AVATAR PLUVIEUX m'a aussi permis d'éprouver la profonde dichotomie entre l'eau qui vient du ciel et celle qui vient de la baignoire. Très différentes, dans leurs styles. La franche hostilité de l'une n'a d'égale que la bienveillance de l'autre. Moi qui pensais que de l'eau, c'était de l'eau, point... Quelle gifle, encore !

MON MODE de locomotion étant pour l'instant tributaire d'autrui, je me mets en quête d'une façon autonome de me déplacer. Ramper me semble une bonne idée. Cette translation au sol ne sollicite pas l'usage des jambes arrière, peu fiables pour maintenir l'ensemble de ma charpente corporelle à la verticale, et encore moins pour la diriger. Optons donc pour la reptation. En appui sur mes bras avant, j'exerce une pression afin d'obtenir un déplacement de l'ensemble, et en route !

C'était compter sans mes vêtements qui ont pour défaut, je le découvre en même temps que vous, de glisser sur le parquet. Ainsi, à mesure que je donne une impulsion des bras, les genoux dérapent. Je rattrape le coup d'un nouveau mouvement des bras. Etc. Jusqu'au moment où je constate, horreur !, que l'objectif fixé... s'éloigne. Poussant des mains, glissant des genoux, je fusais dans la direction opposée... Contre toutes mes intentions, une reptation proprement rétroactive.

Je lâche les bras, pique du nez sur le parquet, pleure de rage. Et mesure à quel point j'en suis à l'aube de l'humanité. Quadrupède encore ; et à reculons qui plus est.

Après une chute sévère, l'aviez-vous noté, j'observe une à deux secondes de silence avant de hurler. Dans ces deux secondes, il y a toute mon incrédulité devant l'irruption toujours déconcertante de la violence. La stupéfaction face à la montée de la douleur. Qu'ai-je fait de répréhensible ? Pourquoi ce mal soudain ? Un mal physique dont j'oublie chaque fois l'existence, car pour moi qui vis dans l'instant, le souvenir de la douleur n'existe pas, donc la douleur non plus... Et pourtant la voici ! Pourquoi ?

Déconvenue d'un monde bienheureux, flottant, qui bascule dans la sauvagerie du choc. Une sorte d'expulsion de l'Éden. Et peut-être, oserais-je le dire, réminiscence de la naissance, ce traumatisme initial d'être rejeté, auquel tous les traumatismes ultérieurs renvoient, comme un écho.

Jusqu'à il y a peu, je pensais vivre dans le monde du tout possible. Un univers infini, ou aux bords si flous que je les ignorais. Rien ne pouvait entraver mon expansion, contrarier mon désir, infléchir mes intentions. Tout était à mon service, hommes et objets, dans ce grand projet d'accomplissement personnel qu'on appelle la Vie.

Et puis, ce petit vocable est tombé : « Non ! » Un son bref et catégorique, porté par une intonation cassante, dont je ne doutais pas, dès la première fois, qu'elle fût désapprobatrice. Non, je ne pouvais saisir ceci, non je ne pouvais jeter cela... Non ! Ce « non » fut un coup de tonnerre dans le ciel sans nuages de l'amour parental. Son irruption marquait clairement un avant et un après.

Désormais, il me faudrait vivre avec ce « non », menace permanente sur ma tête. J'entrais dans un territoire où des limites immanentes pouvaient s'abattre à tout instant, en lieu et place d'un lien harmonieux entre moi et les choses. L'univers me montrait soudain ses bords comme un chien ses crocs.

QUAND PÈRE vient me chercher le soir chez la nounou, après ma journée de travail, quand j'entends son pas, reconnais son coup de sonnette, je ne suis plus qu'un cri. Dans un élan, je lance mon corps en avant, à sa rencontre, m'écrase au sol bien sûr, essaie de ramper, tentative approximative et pathétique. J'agite les membres en tous sens, oublieux de tout ce que j'ai pu apprendre des méthodes de déplacement en vigueur, je ris, je retombe, je pleure. Et je ne bouge pas d'un pouce, jouet de ma trop grande émotion, dramatiquement inefficace.

Père est aussi heureux que moi, mais n'en perd pas pour autant le sens de sa motricité, ni de la verticalité. Quelle leçon de dignité il me donne encore !

MINE DE RIEN, je sens que j'apprends. J'avance dans la Connaissance. Jadis, pour saisir la petite voiture gisant au fond du bain, j'aurais foncé vers l'objet tête la première. Et, franchissant la surface de l'eau, j'aurais été interloqué par la résistance de l'environnement à ma progression, par ma vue soudain brouillée, et par l'irruption de cette masse liquide dans mes narines. Des hurlements de déception auraient immanquablement suivi. Je me connais.

Maintenant je plonge la main seule, et par un mouvement de rotation ingénieux, je garde le menton hors de l'eau jusqu'à la capture totale et sans conditions de la voiture. Dans ce duel incessant entre intelligence et matière, un respect mutuel commence à s'installer.

QUAND ON M'ENFILE les vêtements, je résiste, je maugrée, je me raidis. Ça se passe très mal. Tout est contraint, pénible. Les bras ne trouvent pas le trou des manches. Ni les pieds les trous du pantalon. C'est une véritable épreuve de force.

Quand mon attention est distraite, que je néglige de me figer à l'approche du vêtement, la procédure d'habillage est fluide, aisée, presque agréable. Comme si c'était ma résistance qui créait l'entrave. Il faudra que je me souvienne de cette grande loi de l'univers dans mon prochain combat contre la matière.

Mais bien sûr, j'aurai oublié.

UN EXEMPLE de la façon dont je suis traité sur cette Terre ? Ma mère m'affuble du sobriquet de « pélardon », pour la sonorité de ce nom de fromage qui, paraît-il, me convient à merveille (?).

Quant à père, préférant les collisions sémantiques, il m'appelle le « jeune grigou » (l'effet drolatique provenant ici du fait qu'un « grigou » est normalement « vieux », je vous laisse juge de l'astuce...). Ou encore, sur le même principe (à mourir de rire) : « Le petit escogriffe. » Quand ce n'est pas « le petit dadais ». Ça ne donne pas envie de grandir.

ÇA Y EST, je me tiens debout tout seul... Reste à avancer. J'ai remarqué qu'il fallait déplacer les jambes. Pourtant, quand j'essaie, je chute. Peut-être parce que j'avance les deux en même temps ? Qui sait ?

J'AIMERAIS AJOUTER qu'il est un peu *facile* de rire d'un bébé qui apprend à marcher. Et *pas très glorieux*.

LE COMBAT pour l'égalité humains-bébés vient de remporter une première manche. Je mange maintenant avec eux, à leur niveau. Ils m'ont installé une chaise qui se fixe à même la table. Le subterfuge est assez visible, mes pieds ne touchent pas terre, mais mes mains sont à la bonne hauteur. Je peux donc désormais, comme eux, renverser les verres et saisir les couverts pour les jeter au sol.

Je dis « comme eux », surtout comme moi en fait.

CETTE IDÉE que vous devez nous instruire... Que vous êtes en charge de notre apprentissage... *responsables* de notre éducation... Stop ! C'est trop lourd ! Vous ne sentez pas comme ça plombe nos relations bébés-parents ? Pitié, cessez de penser que vous *m'apprenez*. Nous apprenons ensemble, OK ? Côte à côte. C'est *un échange*. Souvenez-vous-en, et nos relations seront plus équilibrées. Le respect sera réciproque.

Grâce à vous, nous autres bébés acquérons une conscience des structures sociales et morales en vigueur, découvrons les limites à ne pas franchir. Bref, de quoi survivre en société. D'accord, merci.

Nous, nous sommes là pour vous (ré)apprendre une certaine forme de liberté. De joie de vivre. Observez-nous dynamiter vos emplois du temps, vos habitudes... Nous sommes là pour réinjecter du vivant dans vos vieilles postures figées d'adultes. Vous croyez qu'on fait ça pour le plaisir ? (Oui, en plus, on fait ça pour le plaisir !)

Ne l'oubliez pas. Ainsi nos atermoiements, nos crises de larmes, vous ne les verrez plus comme du temps perdu mais comme du rattrapage scolaire.

ALLEZ, puisque nous y sommes, je vous livre le Grand Secret. Pardonnez à l'avance le ton sentencieux, mais j'ai parfois envie de parler d'autres choses que de pipi-caca (quoique, j'aime aussi le pipi-caca !).

Voilà (en tout cas, c'est comme ça que je sens l'affaire) : vous les grands, vous avez d'abord été cet enfant infiniment libre des formes que je suis. Puis vous avez appris la structure. Cette structure mentale qui vous permet de vivre en société. Et vous avez un peu oublié vos débuts.

Or, le grand accomplissement, c'est de réunir les deux ! Porter l'armure nécessaire à la survie, et être aussi le papillon qui baguenaude à l'intérieur. Les deux ensemble ! Votre trajet d'homme consiste à retrouver la liberté initiale, mais à l'intérieur d'une armature qui la protège.

Comment faire ? Hé ! Ça, c'est mon boulot. Contentez-vous de m'observer, sans juger, sans penser. Soyez moi, un instant. Et hop ! C'est comme la coqueluche. Vous l'avez ! À chaque fois, une piqûre de rappel, sans seringue ni douleur.

Un an

MES AMIS LES MOTS

CET ÉTAT DÉLICIEUX d'avant les mots... Par exemple « de l'eau » (DELÔ). Cette sonorité, une syllabe semi-ouverte, suivie d'une fermée, m'évoque une forme globale, un toucher précis. Direct du son à la sensation. Sans interférence, sans conceptualisation, sans ce que le mot orthographié charriera de connotations acquises, de significations parasites. Le son à l'oreille devient une image pour l'œil, ne quitte pas le domaine des sens.

Privilège d'être encore un territoire purement sensuel, sur lequel file le ressenti sans avoir besoin de devenir une idée. Je ne sais pas si je me fais bien comprendre. Cette gageure aussi, de décrire l'absence de mots avec des mots...

MA PREMIÈRE CONSTRUCTION sémantique un peu complexe (au-delà d'un seul mot désignant une seule chose) est une question : « Cédelô ? » (comprenez « c'est de l'eau ? »). Beau début de conversation, je trouve. Il entraîne une réponse par oui ou par non. On pourrait appeler ça deviser agréablement entre personnes de bonne compagnie.

Au-delà du rapport social réussi, la réponse m'intéresse fortement. Car l'eau m'est connue, et sympathique (sauf celle du ciel, n'y revenons pas). Et j'ai plaisir à l'identifier en tant que telle, avec la confirmation parentale. « Cédelô ? » Oui, alors je bois, ou je m'y baigne en toute quiétude.

Car les apparences peuvent être trompeuses. L'autre jour, forçant le passage derrière père qui voulait s'enfermer seul aux toilettes, je l'observais pratiquer debout la cérémonie du jet dans la cuvette. À la question « Cédelô ? », il me fut répondu que non. Je renonçai à y tremper la main.

J'ai un peu progressé en cours de langue. J'ai assimilé qu'un son pouvait désigner quelqu'un. Ainsi le son « PA » redoublé serait en quelque sorte la dénomination conventionnelle de ce grand dadais de père. Les yeux dans les yeux, je lui ai balancé la double onomatopée, pour tester le truc. Père s'en est trouvé tout ému, l'œil embué, prenant tout le monde à témoin.

Les non-bébés sont décidément trop sensibles. Quand moi je pleure, c'est pour de vraies raisons.

Parfois, les mots sont inutiles. Pourquoi formuler verbalement mon désir de ne plus manger, quand un jet de cuiller au sol traduit ma pensée de manière si fulgurante ? Les parents sanctionnent ce mode de communication gestuel pourtant diablement efficace, et m'imposent leur caquetage rabroueur, beaucoup moins agréable à l'oreille qu'un peu de purée qui s'écrase sur le carrelage.

Pour signifier mon désir de manger, je dis « Mmmmm ». Une sonorité de contentement anticipé, et proche de la double syllabe « maman ». Ça me parle : manger et maman n'ont longtemps fait qu'un, dans ma prime jeunesse.

Rien n'est immuable, rien n'est irréversible. Il faut en toutes circonstances garder confiance. Voilà la leçon de vie que m'a un jour donné une frite.

Nous sommes au restaurant (beaucoup de mes expériences de connaissance humaine sont alimentaires). Voici les frites ! Alléluia ! J'en saisis une à pleine main. Horreur, elle est brûlante ! Le désespoir m'étreint. J'adore les frites et on m'en sert des brûlantes. Je suis maudit, non ? Quelques minutes plus tard, après avoir manifesté ma déconvenue de manière très sonore, j'entreprends de saisir à nouveau la même frite. Miracle, elle est tout à fait mangeable. Et je la mange, confus du dérangement occasionné.

Que s'est-il passé à l'intérieur de la frite pour qu'un tel revirement s'opère ? Un remords ? Je l'ignore. Je sais seulement que cette frite, dans son infinie sagesse, m'a montré le chemin de la patience. Je sais aussi que je vais vite l'oublier, que son sacrifice aura été inutile. Je suis ainsi. Ce qu'elle a essayé de m'apprendre, un macaroni le tentera aussi, puis un brocoli.

Tous périront, mais un jour cette grande chaîne (alimentaire) de solidarité fera de moi un vieux sage maîtrisant tout du savoir universel, ou ne serait-ce que l'essentiel : le moment précis où on peut manger la frite.

QUELLE PIMBÊCHE, cette Sarah ! Ses parents sont anglais et iranien, et elle fait sa surdouée. Alors qu'elle est plus jeune que moi dans la vie. Quand moi j'appelle un chien, un « ouah ouah », de façon assez primitive je vous l'accorde, elle, non seulement elle dit déjà « un chien » (bien sûr !), mais en plus elle ajoute la traduction en anglais et en iranien. Et pourquoi pas « de la famille des canidés » tant qu'on y est !

JE NE SAIS PLUS quand j'ai découvert la peur. Ça m'est tombé dessus sans prévenir ; ça avait l'air déjà ancien. Nécessité faisant loi, j'ai tout de suite su exprimer cet état en mots. L'urgence de le communiquer aux grands ne souffrait aucun délai.

L'autre jour, j'ai donc eu peur. Je ne sais même plus pourquoi, les sujets de peur étant infinis et multiformes. Bref, je le communique aussitôt à père, sous la forme rudimentaire que j'ai mise au point : « *J'ai peu.* » Père saisit immédiatement, mais par je ne sais quelle lubie pédagogique déplacée, il entreprend de me faire mieux prononcer ce membre de phrase, en insistant sur le *r* final.

Et le voilà qui se lance dans un cours impromptu de phonétique, relatif à la forme « j'ai peu ». Alors que *j'ai vraiment les chocottes* !

PÈRE, MÈRE. Je suis une éponge. Vos disputes, vos colères... Inutile de me les cacher. J'absorbe tout, et je les rejoue... Pour m'en vider, il faut me prendre contre vous, serré. Me presser, comme une éponge aussi.

MÊME QUAND je suis très fatigué, je n'accepte jamais la proposition d'aller au dodo. Je veux encore vivre à plein, et fort. Retenir la journée. Ne pas mourir si jeune.

DANS LE BAIN, avec père. Je pousse, deviens tout rouge. Et d'un coup je suis soulagé. C'est lui qui s'énerve ensuite. L'eau a soudain changé de couleur ; elle est d'un marron clair assez seyant. Mais, père, est-ce une raison pour sortir brutalement du bain, moi sous le bras, avec cette ride de contrariété sur le front ? On n'était pas bien là, tous les deux ?

CES ADULTES qui n'ont soi-disant jamais peur de rien... C'est vrai, moi je sursaute au moindre bruit étrange. Un pétard et je tremble de frayeur. Eux sourient, condescendants. Inébranlables, intrépides.

Mais cinq petites crottes dans leur bain, et faut voir comment ils se mettent à paniquer !

NOUS AUTRES, bébés, n'avons pas d'image de marque à défendre. Peu nous chaut d'éternuer et de garder notre morve pendouillante au bout du nez toute la matinée. C'est *votre* conception de la dignité qui vous fait nous torcher les narines sans cesse.

De même, ces résidus alimentaires autour de la bouche ne nuisent en rien à nos relations sociales. Mais il vous faut absolument donner du torchon à nous en meurtrir les joues. À croire que votre honneur est en jeu à chaque échappée de compote sur nos mentons.

J'AI VU LA MER pour la première fois ! Comment vous dire ? Une très grande baignoire dont on ne voit pas les bords.

CE QUI ME RÉJOUIT le matin : la perspective d'une bonne journée de boulot ! Tout le travail est étalé, là, devant moi. J'attaque la journée de bon cœur, je manipule, je déchire, je jette. Je bosse quoi.

Un quart d'heure plus tard, ma journée de boulot est terminée. Ça vous fait sourire, vous, les vrais travailleurs ? Vous oubliez une fois de plus que notre perception du temps est différente. Et notre capacité d'oubli infinie. Car un quart d'heure plus tard, je redémarre une nouvelle journée de travail, avec une ardeur intacte. Et ainsi de suite toute la journée. Alors ? Vous en dites quoi, les salariés ?

TENDREMENT PENCHÉ sur mon petit chien jouet, je mets le doigt sur ma bouche à l'adresse des gens autour en murmurant : « Cchhh… dodo ! » Une seconde plus tard, je balance le chien à l'autre bout de la pièce. Tout va plus vite avec moi : sommeil, réveil… Amour, haine… Faut que ça pulse !

LORSQUE JE JOUE, je dois avoir l'air plutôt incohérent. Il faut voir comment j'entreprends de faire quelque chose, cesse puis recommence ou passe à autre chose sans préavis. Ce comportement n'est illogique qu'en apparence. Une logique personnelle y préside. Un mode opératoire spécifique : celui de la fulgurance. Une idée à peine née, je la réalise. Je surfe sur mes envies.

Mes impulsions surgissent, électriques, comme des étincelles. Je les suis, à leur vitesse, puis j'en attrape d'autres en route, et maintiens, toujours rutilant, le feu follet qu'est ma vie.

JE DOIS ME RECONNAÎTRE une autre qualité, l'abnégation. J'essaie de faire mon métier de bébé le plus correctement possible. S'il faut déplacer une chaussure depuis la cuisine jusque sous le fauteuil du salon, eh bien je le fais. Sans rechigner.

JE PRÊTE MES JOUETS aux adultes, mais ils sont tout empotés avec. Ils s'en servent mal. C'est du gâchis. Je les reprends.

JE SOUPÇONNE les non-bébés de *mimer* le plaisir de jouer avec un camion en plastique. Leur attitude est fausse. Ils ont quelque chose de faux. Nous, nous mimons la réalité, eux le plaisir. C'est moche.

QUELLE BELLE SENSATION, celle de marcher ! L'endroit où je l'expérimente pleinement, c'est le parc. Dans l'appartement, un obstacle vient vite casser ma trajectoire. Au parc, je peux aligner un nombre considérable de pas, les diriger où je veux, sans que rien n'interrompe ma chevauchée ; sauf peut-être les bras de mère, lorsque tout gonflé d'invulnérabilité, je m'élance vers le grand escalier du parc. Au moment où j'allais découvrir le vol ! Quels rabat-joie ces parents !

J'APPRENDS AUSSI beaucoup avec les pieds. Ils m'informent de l'état du sol. Quand il est inégal, je ralentis instinctivement l'allure, et passe mon temps à rétablir mon équilibre. Quand il est mou comme le sable du bac, mon avancée est plus pénible. Quand il est dur, je reprends ma course folle. Avec pour sanction inévitable, une chute, dure elle aussi. Toujours le sol nous sollicite. Marcher est un exercice de vigilance permanent. Je ne saurais pas dormir en marchant.

J'IGNORE MOI-MÊME pourquoi j'ai un plaisir énorme à mettre les choses dans les choses. Placer des petits objets dans d'autres, le tout dans une boîte, et la boîte dans une autre. C'est passionnant. L'ensemble de ces objets épars ainsi rassemblés, classifiés, me procure de la joie. Comme si j'avais un peu ordonné le monde. À mon échelle, bien sûr. Mais mon échelle est celle du monde, je le rappelle.

En même temps, j'éprouve autant de plaisir à détruire, répandre, déstructurer et sortir les choses des boîtes. On pourrait y voir une contradiction. Moi j'y vois seulement deux sources de plaisir au lieu d'une.

J'ADORE JOUER. J'ai en moi le démon du jeu. Je ne peux résister à l'attrait d'un jouet, aussi quelconque soit-il. Tiens, l'autre jour j'étais chez le kiné respiratoire. Une espèce de fou qui vous appuie sur la poitrine, un type sans cœur, insensible à toutes les supplications. Pendant que je geignais, hurlais sous ses assauts, on me présente une petite maison avec des portes qui s'ouvrent, des coqs qui en sortent… Extra.

Ne voilà-t-il pas que tout en geignant avec des accents dramatiques, je me mets à tripoter les tourelles, secouer les coqs, taquiner les poules. Dans les affres de la souffrance, je jouais ! Même chez un tortionnaire, impossible de résister à l'attrait du jeu. Je suis un mordu. Il faudrait m'interdire de salle de jeux.

LE MEILLEUR MOMENT pour piquer une colère : à la caisse du supermarché, quand tout est étalé sur le tapis, et qu'il y a du monde derrière. Stratégiquement imparable.

GROSSE CRISE de violence, je vous frappe, je casse tout, je crie. Rassurez-vous, c'est pas que je ne vous aime plus. J'ai une otite.

POURQUOI EST-CE précisément quand on est malade que les parents viennent nous injecter des corps étrangers dans le nez ou ailleurs, ajoutant ainsi à notre inconfort ? Pourquoi ne pas attendre que nous soyons rétablis ?

TOUJOURS AUSSI déconcertants, les parents. Ce thermomètre froid et douloureux, ils me l'enfoncent dans le derrière, sans complexes. Mais quand, à mon tour, je le saisis pour le fourrer dans leur bouche (où ça fait quand même moins mal), ils prennent des mines dégoûtées.

ET CE TYPE qui m'a fait asseoir pour me mettre un rond froid sur la poitrine, un bâton dans la bouche, une lumière dans les oreilles et qui, pour finir (on croit rêver !) m'a tripoté le bout du zizi… Je ne suis pas sûr d'avoir envie de le revoir…

MÈRE SE FAIT MAL et me dit : « Aïe ! J'ai bobo ! » Elle m'informe des mésaventures de son métabolisme avec des mots accessibles. Elle ressent donc de la douleur. Ça pourrait me laisser indifférent. On nous dit égocentriques, exclusivement centrés sur nos propres émotions. Erreur !

Grâce au langage, je communique d'émotion à émotion. Quand mère dit « bobo », je comprends ce qu'elle ressent. Je sais ce qu'est un bobo, j'en ai pas mal à mon actif.

Au passage, je note que mère est faite de la même matière que moi. La douleur n'est pas une malédiction exclusive de bébé. Ce bobo nous rapproche un peu plus, mère et moi. Quelle bonne nouvelle ! Aux détracteurs qui m'accuseraient d'être indifférent à la douleur d'autrui, je réponds : au contraire, je m'en réjouis !

FORMIDABLE, mon livre sur les animaux de la ferme. Je vous le recommande. Il synthétise bien l'ensemble des créatures animales. Je reconnais maintenant au premier coup d'œil « la iache » (avec ses taches rousses et son pis), « le papin » (avec ses grandes dents et ses longues oreilles) et, l'un de mes préférés, « la poute » (avec ses plumes et son bec).

Vous me trouvez un peu pédant, étalant l'étendue de mon vocabulaire ? Mes parents, eux, ne boudent pas leur plaisir. Quand je montre triomphalement l'image sur mon livre en criant « *la poute* ! », ils se pâment d'aise.

MES RAPPORTS avec le règne animal sont contrastés. Zazie la chienne me poursuit de son amour à grands coups de langue. Je la fuis. Et Mouche, le chat, ne se laisse jamais saisir, ou alors griffe quand je m'approche.

Pourtant, c'est le chat qui me fascine. En s'échappant, il m'attire. Ses coups de griffe ne me repoussent pas, ils m'aimantent. Insaisissable, imprévisible, il est un sujet d'intérêt permanent. La chienne, affectueuse et disponible, m'indiffère royalement.

UN GRAND PAS en avant encore (en ce moment, je les enchaîne, je suis en plein boum évolutif) : j'ai compris le concept du Beau !

D'abord, je l'ai saisi chez l'autre : quand père ou mère me désignait un objet par son nom, en l'assortissant de l'adjectif « beau ». J'ai pris conscience qu'il s'agissait d'un état de la chose. Ça n'a l'air de rien, mais j'aurais pu tout aussi bien croire que ce n'était qu'un autre nom de cette chose, où je ne sais quelle bévue de débutant. Non, j'ai repéré la façon dont ils s'extasiaient (avec une outrance toute pédagogique) devant l'objet beau, et je l'ai assimilé comme un élément positif à mettre à son actif. J'étais encore loin de cerner toute la potentialité de cette notion. Car « beau », ce n'est pas seulement « positif », « bien » ou « sympathique ». Beau, c'est... « beau ! »

C'est en l'employant moi-même que je lui ai donné toute sa chair. « Beau, la iache ! »... « Beau, la poute ! »... Tout à coup, je quitte le terrain du constat brut pour m'aventurer dans l'espace noble du jugement. Je donne une appréciation en fonction de critères esthétiques. La voilà la nouveauté : je fais mes premiers pas dans l'abstraction. C'est un arrachement du concret où ma condition semi-animale me confinait, et une élévation discrète mais sûre vers ce qui fait (entre autres) la grandeur de l'homme : la faculté de jugement.

Enfin (quand je vous parlais de grand pas !), c'est une affirmation de ma personnalité naissante. Car cette grille d'appréciation esthétique que je plaque sur le monde est foncièrement mienne. J'y suis tout entier. N'allez pas croire que je reproduis benoîtement des postures d'adulte ! C'est *ma* conception du beau.

Car qui, en dehors de moi, exprime son admiration pour la « iache », se pâme devant le « papin », applaudit la « poute » ?

POUR VOUS PROUVER à quel point mes jugements sont pointus et personnels, je vous confie le summum du beau, selon moi : le tracteur. Le tracteur, c'est la beauté sur Terre. Je ne vois guère que mère pour rivaliser en matière de beauté. En attendant de pouvoir le lui exprimer directement, je fourbis un compliment définitif, dût-il ébranler sa modestie : maman, tu es belle comme un tracteur.

LA PORTE est un instrument qui permet de passer d'un univers à un autre. Celui du salon à celui de la chambre, par exemple. Sans porte, nulle communication possible. J'ai appris à quel point ces entités pivotantes étaient essentielles, et comment on pouvait les manier. À condition qu'elles fussent entrouvertes, sinon leur fixité est décourageante. La procédure en ce cas est de tambouriner en pleurant. Elles ne comprennent que ça. Et encore, pas toujours.

J'AI AUSSI LE SENS DE L'HUMOUR, ne croyez pas. Mon sens de l'humour consiste à aller jusqu'à la baignoire pleine et à y jeter, par exemple, un journal. (Très drôle.)

J'aime aussi imiter les grands. Avec la télécommande, je fais mine de téléphoner. Je remporte un certain succès. Tout le monde rit.

Ensuite je vais jeter la télécommande dans la baignoire. Tout le monde crie !

Allez y comprendre quelque chose...

LES NON-BÉBÉS ont une hiérarchie dans la réprobation. Exemple : quand je jette des choses dans la baignoire pleine d'eau, ils maugréent en allant les rechercher au fond avec la main. Ils sont fâchés.

Quand je jette les mêmes choses dans la cuvette des toilettes, ils sont *très* fâchés. Un ton au-dessus, je le note.

MES DERNIERS EXPLOITS : le réveil dans la casserole de soupe (fameux). Et des tomatescerises dans les chaussures de père (très réussi).

Le voir retirer son pied maculé de tomate écrasée de la chaussure qu'il venait d'enfiler fut assez réjouissant. Ce n'était certes pas le but. Je n'ai pas la capacité d'anticiper, ni le machiavélisme précoce. J'agis innocemment, sans malice. Comme l'est ma joie, innocente et sans malice. Ça me sauve : père ne peut pas soupçonner dans mon regard la moindre intention de nuire. D'ailleurs, il m'embrasse en riant.

QUANT AU SENS DE L'HUMOUR des grands, parlons-en. L'autre jour, à la caisse du magasin, il y a du monde. Je recule, et boum, je tombe à la renverse pile dans un panier vide. Me voilà sur le dos, les quatre fers en l'air, au fond du panier, désemparé.

Comment croyez-vous qu'ils réagissent, tous autant qu'ils sont ? Ils éclatent de rire avec un bel ensemble. Bravo l'humour grand. Fortiche.

JE DEMANDE tout le temps Jeanne. « L'est où Jeanne ? » Jeanne, c'est la sœur de Paul, mon collègue bébé. Paul et moi, on partage la même nounou, et souvent, je vois passer Jeanne. Jeanne, comment vous la décrire ? Elle a au moins le double de mon âge. C'est une femme, quoi. Elle traverse la pièce d'un air décidé. Elle sait ce qu'elle veut. Je ne sais pas vous décrire l'effet que ça me fait de la voir. Quand elle entre, l'air est soudain différent. Tout est plus intense. J'ai envie de sourire. Quelque chose palpite dans l'atmosphère. Je suis magnétisé par ses déplacements.

J'aimerais tellement retenir son attention. Mais mes cabrioles sont accueillies par des moues distantes. Et les emballages de bonbons que je lui offre ne semblent pas la combler. Jeanne est une personne importante dans ma vie, et si lointaine. Ce que j'éprouve pour elle, cette petite chaleur, est différente de ce que je ressens pour père et mère. Il y a une dimension plus secrète dans cette attirance. Plus troublante.

Quand elle n'est pas là, j'ai envie qu'elle soit là.

QUELQUEFOIS, les choses s'améliorent. Avant, parvenu au sommet du toboggan, je n'apercevais rien du paysage alentour, à cause de la rambarde, trop haute. Progressivement, j'ai vu un peu, puis un peu plus. Et l'autre jour, j'ai réussi à distinguer ce qui se passait en bas. Plus je grandis, et plus cette rambarde s'abaisse. Quelqu'un a pensé à régler ces petits détails qui rendent la vie plus agréable. Comme baisser cette fichue rambarde. C'était peu de chose, mais il fallait y penser.

CE MATIN, j'ai découvert la plus belle des inventions humaines : la bulle de savon. Comment elle se forme avec le souffle, comment elle flotte dans l'espace en renvoyant de la lumière multicolore, et comment on la fait disparaître du bout du doigt.

Ce matin, je n'ai pas pris une leçon de physique. J'ai pris une leçon de merveilleux.

TOUT SE MÊLE dans ma vie, rires et larmes, tragédie, comédie. L'envie de pleurer quand père franchit la porte et m'abandonne chez la nounou. L'envie de rire quand je vois par la fenêtre ce grand dégingandé faire l'imbécile, grimacer, agiter les bras dans tous les sens pour me dire au revoir. Puis les deux envies en même temps.

QUELLE EST LA VRAIE taille des choses ? Le tracteur sur lequel je pédale, mon mini-jouet-tracteur, ou l'énorme machine qui passe sur la route ? Lequel des trois est le vrai tracteur ?

LES GRANDES LOIS de cet univers ne sont pas faciles à manier. Je croyais en tenir une, mais non. J'ai observé que les gens qui partent me font tous le même signe de la main, qui veut dire « au revoir ». Donc, si on veut les voir partir, si leur présence nous incommode, faisons ce même signe de la main, « au revoir », et ils s'en iront. Pas du tout ! J'ai essayé plusieurs fois. Ils restent, et en plus, ils rient !

J'AIME LA SONORITÉ des mots. Le mot « tartine », par exemple. Je m'en goberge. Je mange le mot avant la chose.

JE PRÉFÈRE l'expression « pshitt-pshitt » à « pulvérisateur nasal ». Question de sonorité. Quand on m'annonce l'introduction imminente dans mes deux narines du petit embout de plastique en ces termes : « Le pshitt-pshitt pour Antoine ? », je l'accueille avec sympathie, même si l'opération n'est pas agréable. Pshitt-pshitt, ça a un côté guilleret qui ne peut rien présager de grave. Une sonorité très festive, très « champagne ! ».

C'est une des vertus du langage que d'enrober les événements, de les adoucir. Les mots font glisser les choses, vaseline sémantique. Le suppositoire aussi passe tellement plus vite quand il est un « bonbon pour les fesses »...

J'AIME LES MOTS quand ils ne sont pas trop prétentieux. La poule, le coq font ma joie par leur formulation explosive. Ils sortent de ma bouche comme une balle de fusil. Poule ! Coq ! Je les expulse avec une aisance qui les rend d'autant plus sympathiques. Leurs formes sont tout entières contenues dans la rondeur, la brièveté de leurs noms. Poule, coq, les voilà sur ma langue comme ils sont sous mes yeux.

Ces adéquations secrètes d'images et de mots font mon bonheur.

En revanche, l'éléphant me pose un réel problème. Ce nom qui prend toutes ses aises correspond il est vrai à cette chose vautrée dans la boue. Il s'étire à l'infini. Mais alors que mon œil identifie en un quart de seconde la masse grise si singulière avec ses deux oreilles et sa trompe, ma bouche ne produit qu'une bouillie proche de la vase dans laquelle il s'est couché. J'en viens à amputer l'animal (qu'il me le pardonne, mais il n'avait qu'à choisir un patronyme moins boursouflé de vanité) de ses premières syllabes pour le réduire à un « ... ppphant », plus en rapport avec mes capacités labiales du moment.

Quant à son voisin l'hippopotame, je le prierais volontiers d'aller se rhabiller, s'il n'était déjà monstrueusement nu. Ses quatre syllabes ventripotentes (dont une redoublée, allez savoir pourquoi ?) sont une provocation phonique insupportable adressée à nous autres les bébés. Je lui règle son compte d'un sommaire et ramassé « pppôta », plus conforme à sa physionomie compacte.

Je m'enfonce peu à peu dans le maquis sémantique. Je défriche. Je commence à récolter pas mal de mots. Ma difficulté provient du voisinage sonore de certains d'entre eux. Casquette et chaussette m'entretiennent dans une certaine confusion, alors que leur destination sur mon corps est à l'opposé. Chaussure et voiture me gênent pas mal non plus, bien qu'il n'y ait aucun rapport (quoique, mettez quatre roues à une chaussure et l'illusion est parfaite).

Quelquefois, le lien est logique : à boire, et la poire. Quand on mange la poire et tout son jus, on a un peu l'impression de la boire (bon, un peu tiré par les cheveux).

J'ai également en magasin : « Gâteau-bateau. » Là, rien à voir. Ma surprise est chaque fois identique d'apprendre qu'il y a un gâteau dans mon bain (drôle d'endroit, il doit être tout mou), ou qu'il y a du bateau comme dessert (vu la taille du mien, voile comprise, non merci, j'ai plus faim).

Le rapprochement le plus tordu pour moi est : bobo et bonbon. Le premier est tout en violence, le second tout en douceur. Quel est l'imbécile qui les a fait voisiner ? Je signale aux concepteurs du langage humain cette autre hérésie : si le bonbon, le bien nommé, est deux fois bon, le bobo, lui, n'est *pas* deux fois beau. Il est deux fois moche. Un comble !

DANS UN LIVRE D'IMAGES, un beau fruit dessiné, bien rouge. Je le prends et l'offre à mère. Elle sourit, mâchouille la pseudo-pomme, puis se caresse le ventre de contentement. Mère est heureuse du cadeau, moi ça ne m'a pas été pénible de me priver d'un fruit pour elle. En plus, le fruit est toujours dans le livre, prêt à resservir. Tout bénéfice !

UN AUTRE JOUR, suivant la même inspiration et la développant, je me suis mis à *mimer* le biscuit qu'on mange. Vous sentez le saut qualitatif : nous travaillons ici sans le support de l'image. Dans le vide total. Sans filet. Nous appellerons ce concept naissant « la fiction ».

J'ai expliqué à mère que je mangeais un biscuit (alors même, vous me suivez, que ce biscuit *n'existait pas*). J'ai même offert ce biscuit inexistant à mère, qui l'a faussement mangé, comme moi-même. (La fiction marche encore mieux avec un complice dans l'assistance.)

Plus tard, j'ai dit à père, dans le bain, « café ! », en portant à la bouche un gobelet de plastique *vide*. Père a acquiescé : « Aaaah, tu bois du café, comme maman ! » En fait non, père. Il n'y a rien dans le gobelet. Je mime ! (Quel ballot aussi, celui-là !)

Enfin, je me suis introduit le pulvérisateur nasal dans les narines, et j'ai fait semblant d'aspirer. J'ai même imité la grimace que je fais habituellement. Alors que, je le répète, cette grimace n'avait pas lieu d'être, puisque je n'ai pas *réellement* aspiré le produit par le nez. Vous êtes bouchés ou quoi ?

Avec la fiction, un moyen d'appréhender le monde, de me l'approprier, m'a été offert. Car, de cette fiction, je suis l'auteur exclusif ! Je fais naître entre mes doigts ce que je veux, quand je le veux. Et disparaître itou (encore plus facile).

Est-ce que vous mesurez l'énormité de cette nouvelle donne dans ma vie ? Une réalité parallèle, autonome est apparue aux côtés de l'autre. Le territoire de l'imaginaire borde maintenant celui du tangible, le contient.

Une ère nouvelle s'ouvre à moi où la rigueur chemine enfin avec la fantaisie, bras dessus bras dessous.

Un an et demi

JUSQU'OÙ LE MONDE ?

TOUT À L'HEURE, père m'a proposé d'aller voir la maison des vaches. J'ai acquiescé sans hésiter. J'adore les vaches. Je suis un fan des vaches depuis la première heure. C'est, je crois, le premier animal que j'ai identifié sur mes livres scientifiques. La bonne grosse vache sympa avec sa bouille rigolote et ses taches sur le dos. On ne peut pas se tromper. D'où ma joie à l'idée de visiter la maison des vaches, voir comment elles vivent, la décoration intérieure qu'elles ont choisie, et si leur chambre est très différente de la mienne.

En passant la porte en bois avec le plastique aux carreaux, la paille partout sur le sol, j'ai commencé à pressentir qu'il y aurait comme une différence de style. Mère m'a fait entrer dans cette turne et tout à son enthousiasme coutumier, a procédé aux présentations : Antoine, voici les vaches, les vaches, voici Antoine. Là, ce fut le choc. Nous étions sans doute bien en présence de l'animal nommé « vache », mais ce n'était plus du tout « mes » vaches, celles de mes livres, ces vaches paisibles esquissées d'un trait rondouillard dans un environnement pastel apaisant.

Les monstres luisaient dans la pénombre, nous dardant de leur œil exorbité, agités de convulsions imprévisibles et remuant la queue dans un nuage de mouches. Enchaînées côte à côte, ces vaches-là dandinaient du croupion et raclaient du sabot à notre passage ; elles apparaissaient dans l'obscurité moite de cette « maison de vaches » (que pour ma part je qualifierais plutôt d'étable, sans les offenser).

Mère, à mille lieues de soupçonner l'effroi qui m'envahissait, poursuivait du même ton enjoué la description de ce chaos biblique : « Oh regarde, elle fait pipi ! » Là encore, quel décalage. On était loin du petit jet rigolo que je produis parfois, hors couches. C'était un torrent nauséabond jailli m'a-t-il semblé de quelque part sous la queue (quelle idée !), pour atterrir avec force éclaboussures dans une rigole douteuse. Suivirent quelques blocs déliquescents d'une matière dont j'aurais voulu ignorer la teneur, mais tout m'inclinait à penser qu'elle fût fécale. Vous voyez l'ambiance.

Précisément, l'ambiance : c'est à ce moment que j'ai été saisi de cette moiteur suffocante, cet *humus animalis* qui me prenait la gorge puis les tripes, soutenu de cette note parfumée entêtante qui soudait tous ces corps en une sorte de bloc compact de sauvagerie. Quand mère, dans sa naïveté indécrottable (c'est le mot), me présenta les veaux, la mesure fut comble. Je bondis dans les bras de père, lui intimant fermement l'ordre de quitter les lieux toutes affaires cessantes.

La leçon était rude. Ces sensations physiques faisaient irruption chez moi de manière pour le moins excessive. La lecture assidue de mes ouvrages consacrés à la vache ne m'y avait pas préparé.

Ces images sages d'animaux paisibles et lisses étaient un leurre. Sous les pages vernissées grouillait une réalité sauvage. On m'avait caché quelque chose. Cette sauvagerie, on avait tenté de la soustraire à mes yeux. Elle m'était revenue par la peau.

Je reviens sur l'épisode de la maison des vaches. Au moment où mère me présente les veaux, quelque chose me frappe. Ces veaux sont censés être des *bébés* vaches, non ? Or ils sont au moins dix fois comme moi. Ils se jettent les uns sur les autres, certes avec maladresse mais aussi avec une force brutale que je ne connais à aucun autre bébé.

On est loin, très loin, de mes figurines d'animaux de la ferme que je déplace à ma guise. Le voilà, l'objet de mon désarroi : là-bas, plus rien n'est à ma mesure. Dans l'univers doucereux de mes figurines, les animaux sont préhensibles, donc infiniment domestiques. Mais dans le monde sauvage de la maison des vaches, je ne maîtrise plus rien. Dans ce monde-là, le modèle réduit, c'est moi.

CE MATIN, un minuscule moucheron est venu se poser sur le pain de mon petit déjeuner. Mais vraiment minuscule. Une sorte de grain de poussière avec des ailes. Je l'ai regardé escalader les aspérités de la croûte, puis bondir (le mot est un peu fort, disons voleter) sur mon bras nu. J'ai sursauté au contact des pattes microscopiques sur mon épiderme. Il s'est envolé sur une de mes joues, puis sur l'autre. Comme deux bises d'adieu, avant de disparaître.

Personne n'a remarqué cette scène. Pour le reste du monde, ces êtres trop petits n'existent pas. (Sont-ils seulement capables de les voir ?) Et pourtant, après l'épisode douloureux de la maison des vaches, cette entité infime réputée négligeable venait de sceller la réconciliation du genre humain (moi) avec le règne animal (lui).

DEBOUT DANS L'HERBE, sans couches, je me suis vu faire pipi pour la première fois. C'est beau.

JE LES SENS les départs en vacances. D'instinct. On ne peut pas me tromper là-dessus. Un faisceau convergent d'indices subtils m'en laisse entrevoir l'imminence. Je sais quand un mouvement collectif se trame, vers le Grand Extérieur du monde. D'abord, il y a ces valises jetées à la diable sur les lits et recueillant des piles de vêtements compressés. Mais plus encore que ces signaux tangibles, c'est l'atmosphère de fébrilité qui trahit le départ. Père et mère s'agitent plus que de coutume (c'est dire !) ; ils tracent dans l'air saturé d'électricité des trajectoires incohérentes et répétitives.

Dès lors, il ne faut pas m'en tenir rigueur, l'agitation me gagne. Je me suis même fait une spécialité de la transformer en panique. Je ne sais pas ce qui me prend. De vagues réminiscences d'abandon me traversent-elles soudain ? Je ne suis plus qu'une boule d'inquiétude qui court de père à mère. Accroché aux jambes de l'un puis de l'autre, arrimé aux bagages que je prétends aider à transporter, je quémande de manière tragique l'assurance qu'on ne va pas me laisser là, seul, je vous en supplie.

Je sais bien que le moment est contre-indiqué pour cette quête d'affection. Elle ne fait qu'augmenter l'exaspération ambiante, et en retour recueille une colère contenue qui décuple ma détresse.

La spirale infernale des départs catastrophiques est en place. Le moment va être douloureux pour tout le monde. Des valises vont tomber dans les escaliers sur la chienne qui va hurler. Je vais faire de même, pardon. Tout le monde va s'engouffrer dans le taxi. Le chauffeur en tapotant sa montre aura l'air de dire qu'on lui demande l'impossible. Dans l'habitacle, l'excitation va se transformer en accablement.

Mais moi, calé sur le siège arrière, juste entre père et mère, c'est-à-dire au centre du monde, je savoure enfin un bonheur inestimable : cette fois encore, ils m'ont emmené.

DANS LE TAXI, père et mère me tiennent souvent informé de notre destination et je leur en sais gré. Nous autres bébés attachons beaucoup d'importance à ce que l'on nous associe à la marche des choses, quand bien même notre marge de manœuvre est infime. Nous le ressentons comme du respect. Et ces mouvements apparemment désordonnés paraissent s'inscrire dans un cours naturel, un ordre supérieur immanent rassurant pour les novices de l'existence que nous sommes.

Surtout quand l'ordre supérieur des choses nous emmène vers... la gare ! La gare, je connais. C'est en quelque sorte, comment vous dire ? la maison des trains. J'accueille cette nouvelle avec une franche bonne humeur. Une bonne humeur qui n'est pas communicative. Que se passe-t-il ? Père et mère ne partagent-ils pas ma passion pour les trains ? Dans les taxis qui vont vers les gares, ils semblent n'avoir que leur montre pour centre d'intérêt. Lesquelles produisent pourtant sur eux un effet désastreux à chaque consultation.

Mais j'ai confiance, je sais qu'ils finiront par revenir à la raison. Ça ne manque jamais. Sitôt le taxi arrêté, ils délaissent leurs montres pour se recentrer sur un vrai sujet d'engouement : le train ! Nous courons d'ailleurs dans une débandade effrénée, preuve qu'ils sont aussi impatients que moi. Leur passion pour ces wagons qui s'ébranlent devant nous ne peut pas être mise en doute. Et pourtant, sur le quai, les voilà qui affichent une moue défaite, bras ballants au milieu des bagages. Quelle inconstance ! Quoi, il est pas bien ce train qui part ?

Moi je persiste à trouver fascinant ce lourd convoi qui crisse sur ses rails en s'éloignant. Je goûte jusqu'au bout le petit point qui disparaît. Quelle chance nous avons eue d'arriver pile à l'heure ! On a failli ne pas le voir partir !

Le train est un temps hors du temps. Tous les temps le sont un peu pour moi, mais celui-là tout spécialement. D'abord, il offre un éventail d'activités enrichissantes pour l'esprit : bondir sur les sièges, courir dans le couloir, rejoindre des collègues bébés dans d'autres compartiments et partager mes bonbons (les leurs, plutôt).

Surtout, le train est l'occasion d'un rapport privilégié avec père et mère. Dans la vie courante, je les vois alternativement, et pour des périodes souvent limitées. Et il leur arrive souvent de disparaître de mon champ de vision sans raison apparente, et de façon impromptue. Alors que dans le train, ils forment un public captif. Vissés sur leur siège, je sais qu'ils ne disparaîtront pas.

Dans cet habitacle, j'ai enfin la certitude que nous filons dans le même sens, nos destins indissolublement liés. J'aimerais que la vie soit un long train tranquille.

Avec un gros feutre baveur, je dessine un train sur ma feuille blanche. Je le montre à père et mère, en leur annonçant – mais est-ce bien utile ? – qu'il s'agit d'un train. À voir leurs mines contrites, à leur air de chercher sans me vexer une quelconque ressemblance avec un train, je pense que j'ai bien fait de sous-titrer verbalement mon dessin muet. À quoi s'attendaient-ils ? À une représentation fidèle de ce qu'ils considèrent eux comme un train, avec locomotive, wagons et tout le bazar ? Quel intérêt, il y en a plein mes livres de ces figurations convenues plus ou moins stylisées !

Moi, sur la feuille que mes parents tentent prudemment de déchiffrer en redoublant de complaisants « oui, bien sûr, un train ! c'est bien mon chéri », j'ai mis une série de hachures zébrées. C'est un train, je n'en démords pas. Mais à une transposition visuelle, j'ai préféré une transposition sensitive. C'est, au plus juste, l'idée, le souvenir affectif, la sensation de ce train que j'ai pris récemment. Cet ensemble de traits nerveux est mon évocation subjective des trépidations du train, de la vitesse du défilement des images par la fenêtre.

Je trouve jouissive cette manière de restituer le ressenti. Dans l'immédiateté du trait, le bouquet de mes sensations me revient intact. Sans aucun truchement de l'intellect, et sans la moindre codification sociale. Peut-être perdrai-je un jour cette faculté inouïe d'un contact non médiatisé avec mon réservoir émotionnel, et cette aptitude à la traduire, au culot, sur le papier. Peut-être mettrai-je des années à la retrouver, comme un peintre à la recherche du paradis perdu de son trait originel. En attendant, j'en profite effrontément. « Un t'ain ! », je répète, en complétant l'œuvre d'un ultime trait.

Avant de tout déchirer.

J'AIME AUSSI DESSINER les gens qui m'entourent. Tiens, voilà une série de petits ronds précis. Ça c'est maman. Oh, épargnez-moi vos interprétations passe-partout, genre souvenirs-du-sein-nourricier-ou-du-ventre-maternel. Évidemment, on ne peut tout à fait exclure ce genre de réminiscences, s'agissant de mère. Mais c'est bien plus encore. Ces cercles, c'est maman, indubitablement, car, en termes de pures sensations (le seul moteur de mon œuvre graphique), maman, c'est la douceur, le velouté, une forme sans aspérités : le rond. Et même trois ronds au moins dans mon échelle de valeur. Maman, je t'aime rondement.

AU CHAPITRE DES TRAHISONS, je citerais la balançoire. Elle ne paye pas de mine, mais dans la catégorie faux cul, elle se pose là. Simple planche de bois au bout de deux cordes, on croit s'en être débarrassée en la poussant très loin. Elle vous revient dans le dos brutalement, et c'est elle qui vous jette au sol.

Ne jamais lui tourner le dos.

LE MATIN, je trouve mes parents un peu mous. C'est pourtant une journée qui commence, bon Dieu ! Il y a le monde à découvrir. On va pas rester là, au lit, les yeux tout boursouflés...

Je suis souvent décalé avec ces deux-là : ils sont étrangement inactifs au moment où moi je suis habité d'une vitalité considérable. Je sais ce qu'il me reste à faire : d'abord sauter sur le matelas, c'est toujours rigolo, tirer les couvertures, puis les cheveux. Je suis sûr d'obtenir mon petit succès.

Effectivement, quelques grognements viennent saluer ma prestation. Bon, passons à l'étape suivante : j'apporte leurs vêtements en tas puis leurs chaussures sur le lit. Maintenant, je retire les couvertures en scandant à répétition « Lève papa ! Lève maman ! » jusqu'à reddition complète des deux hibernants. Ça y est, ils se lèvent. Je crois que j'ai sauvé leur journée. Tu crois qu'ils me remercieraient ?

LE BONHEUR, LE MALHEUR. Le paradis et l'enfer sont très proches, toujours. Je le sais maintenant. Le paradis, c'est une sucette. L'enfer, c'est la sucette tombée par terre dans la poussière. Entre le bonheur et le malheur, une seconde, même pas.

ON PREND LA VOITURE. Où va-t-on ? Je ne le sais pas toujours. Combien de temps ça va durer ? Une heure, un jour, un mois ? Même si on me le disait, je n'aurais aucun moyen d'appréhender ce temps. Je n'ai pas les outils de mesure, et entre nous je m'en fous. Je monte dans la voiture, pour une seconde ou un an. Pour moi qui ne connais que l'instant présent, c'est pareil.

Cette indétermination de la durée et du concept même de durée dans laquelle je baigne est, je crois, une des clés de mon bien-être. Je ne projette rien, je n'anticipe pas : je suis, merveilleusement. Ce sont vos projections dans le temps qui vous rendent souvent malheureux, non ? Ne vous inquiétez pas pour moi, je ne serai pas déçu : je ne m'attends à rien.

Tout est bon à prendre, tout est surprise, le commencement ou la fin. Le milieu aussi, d'ailleurs.

JE SUIS SURPRIS par ma propre inconstance. Quand père m'emmène chez Sakina, la nounou, le plus important sur Terre, c'est papa. Je suis crocheté à sa chemise de toutes mes forces, poings blanchis par la tension. Il est hors de question qu'il parte. Je m'y opposerai jusqu'à la mort. Je sens d'ailleurs père vaciller dans sa fermeté initiale, face à semblable détermination.

Et puis Sakina me montre un petit train coloré, en bois, que je ne connaissais pas encore. Comment est-il au toucher ? Chaud, dur ? Comment roule-t-il ? De quel type de technologie procède le système d'accrochage des wagons ? Je me retrouve à tripoter l'objet de toutes les tentations. Et voilà que ce petit train en bois devient la chose la plus importante sur Terre.

C'est à peine si je salue père, du revers de la main. Père congédié du centre de l'univers, et qui disparaît, penaud de cette brutale destitution.

JE SUIS UN CRÉATEUR de formes. Dans mon bain, je tente des rapprochements innovants. La ventouse sur l'arrosoir, la passoire verte sur le bateau en bois bleu, la voiture en plastique dans le seau. Puis j'inverse. J'essaie de mettre ensemble les objets les plus inattendus, parce que je n'ai aucun a priori sur ce qui « va » ou non ensemble. Je me sens libre de toutes les conventions. Tiens, maintenant l'avion sur l'arrosoir.

Je n'ai aucune référence artistique paralysante, aucune influence, aucun schéma acquis. J'habille l'espace de mes formes libres, avec ce que j'ai sous la main, et lorsque les choses se présentent. Tout vient alimenter ma petite entreprise de rendre le monde joyeux.

J'AI DÉCOUVERT un moyen d'appuyer physiquement mes dénégations. D'incarner le « non » ferme que j'oppose à mes contradicteurs par une posture explicite. Je me retourne, me jette au sol à genoux, face contre terre, les deux bras autour. Visage dissimulé, je montre à mon ennemi du moment une paire de fesses dressées, bien obtuses. Quelle meilleure fin de non-recevoir que ce cul royal insensible à l'argumentation, ridiculisant d'avance toute tentative rhétorique ?

J'avoue ne pas être mécontent de ce refus adressé à ces adultes si imbus de la toute-puissance de leurs mots. Leur outrecuidance langagière trouve là une limite cocasse.

Et ces parangons de l'ordre sont contraints à de pénibles négociations durant lesquelles je savoure mon pouvoir, bref mais réel.

Jusqu'au jour où cette noble attitude a elle aussi montré ses limites. J'étais nu sur la table à langer. On me proposait, pour d'obscures raisons de santé générale, un de ces fameux suppositoires à l'innocuité pourtant patente. Ni une ni deux, j'exprime mon refus ferme et définitif, tête entre les mains et fesses dressées. Mal m'en prit, on l'aura compris.

NOUS AVIONS COMMANDÉ une crêpe, père et moi, à cette terrasse ensoleillée. Comme souvent, j'avais eu les yeux plus gros que le ventre et cette crêpe au fromage que je pensais engloutir d'un trait, ainsi que deux ou trois autres de ses collègues, a perdu de son attrait à mi-parcours. Pris d'une soudaine frénésie altruiste, j'entrepris de la partager avec quelques volatiles nécessiteux.

Là, j'ai compris ce qu'était *le pouvoir*. Parmi les pigeons. Il me suffisait de jeter des miettes de crêpes ici plutôt que là et des nuées de ramiers avides se livraient à une empoignade dantesque. *Ou* et *quand* je le voulais. Et *si* je le voulais. J'étais émerveillé par ma puissance, le sceptre magique d'une demi-crêpe tiède. Le sentiment de manœuvrer à ma guise cette armada emplumée était vertigineux. Moi jusqu'ici plutôt aux ordres (des parents, de ma sœur, de la nounou), je goûtais à mon tour la saveur enivrante de dominer une espèce inférieure.

J'éprouvais vite l'amertume de la déchéance. Quand j'eus les mains vides, ce petit monde grouillant, jadis inféodé, se détourna de moi, m'ignorant superbement pour vaquer avec la même veulerie à la recherche d'un seigneur plus richement doté. Je tentais bien de reconquérir une parcelle de ma puissance perdue en quémandant à père une nouvelle crêpe sous le prétexte d'un retour d'appétit. Humiliation de devoir m'abaisser à la même obséquiosité que mes anciens vassaux ramiers ! D'autant que père, rivé à son trône inexpugnable d'adulte et peu convaincu, ne m'accorda pas ce retour en grâce.

Et pour quitter cet endroit, il dut me traîner par la main, maître devenu esclave, sous les lazzis roucoulants du petit peuple colombin, comme tous les peuples, aussi prompts à ériger des idoles qu'à les brûler.

FORMIDABLE, LE MÉTRO. Suis-je donc le seul à être aussi excité d'y descendre ? Le seul aussi à lui dire bonjour et au revoir de la main. Il faut aller le chercher bien profond et au bout d'un dédale de couloirs. Ce qui suffit à le rendre mystérieux. Puis il surgit d'un trou, nous happe au passage, sonne avant de reclaquer ses portes brutalement et de disparaître dans un autre trou, cette fois avec nous à l'intérieur. J'ai à peine eu le temps de réaliser ce qui se passait.

J'aime ce côté impulsif du métro. À peine monté, mon souhait de partir sur-le-champ est exaucé. Pour une fois.

JE N'AI JAMAIS CONNU le parc pour bébés, cage de bois où l'on place les humains en bas âge pendant des heures, au milieu d'un monceau de jouets. Cette garantie de sécurité permet aux humains d'âge élevé de s'adonner à leurs activités, en totale insouciance. Père et mère ont préféré pour moi les grands espaces sans limites de l'appartement.

Les choix qui sont faits pour nous, les bébés, témoignent assez bien d'une certaine conception de la vie. Ils sont plus dictés par des projections parentales que par de réelles nécessités objectives, me semble-t-il. Ceux qui choisissent le parc nous confrontent à une réalité sécurisée mais limitée. À l'intérieur de l'espace clos, nul danger ; mais nulle liberté. Ceux qui nous laissent divaguer dans l'appartement nous proposent un monde excitant, seulement borné par les frontières naturelles de la porte extérieure. Les possibilités de découvertes et d'expression personnelle y sont décuplées ; le danger aussi.

Dans cette réalité sauvage, les coins de tables sont acérés, les prises électriques peu sûres, et les manches de casseroles de lait bouillant s'offrent à toutes les tentations. C'est le prix à payer par le conquérant. L'exaltation est toujours sa récompense, la mort parfois sa sanction.

On sent bien que cette simple alternative peut fonder des vies exaltées ou repliées, périlleuses ou sécurisées. Nous autres bébés serons confrontés tôt ou tard à cette dichotomie fondatrice, ne nous leurrons pas. Mais de grâce, ne plaquez pas d'emblée sur nous le résultat de vos misérables renoncements.

JE SUIS DÉNUÉ de tout esprit de dérision. La dérision implique la distance, le jeu avec les codes. Or cette distance, répétons-le, j'en suis incapable. Je suis tout à l'immédiateté de ma pensée. Tout entier dans l'acte. Entier, c'est-à-dire non décalé, non décollé. La dérision, cette attitude roublarde du gars à qui on ne la fait pas, n'est pas mon langage. À moi, on me la fait. Je gobe tout. Je suis un oisillon à la becquée du réel. L'innocence est mon royaume.

Laissez-moi encore un moment habiter ce territoire originel qui ne connaît pas la malice. Ni le mal tout court.

EN REVANCHE, je n'ai rien contre l'humour. J'ai même découvert assez tôt ce mode de communication et ses vertus infinies. D'abord en tant que spectateur des facéties de mes parents. J'ai le souvenir de bonnes tranches de rigolades. Maintenant aussi en tant qu'auteur. Mes gags sont encore très visuels et de facture sommaire, mais la grosse différence avec le happening comique que je pratiquais à mes débuts, c'est qu'ils sont désormais volontaires. Il y a chez moi l'intention de créer un effet comique. Le rire n'est plus une étincelle fortuite. C'est moi qui mets le feu.

Oh, c'est peu de chose. Exemple : dans mon bain, père m'a interdit de boire l'eau. Alors qu'il n'y a pas de mal, le bain c'est comme si j'étais dans un grand verre d'eau. Passons. Mon plaisir, c'est donc de puiser l'eau du bain dans un gobelet, puis de le porter à mes lèvres avec un large sourire, en simulant le bruit de déglutition. « Hm ! Bon, l'eau ! » Effet garanti. Père ne sait pas si c'est de la blague ou pas. Je vois qu'il hésite entre connivence et répression. Instant délicieux où j'ai toutes les cartes en main.

L'humour bébé aime frôler la transgression, jouer avec l'interdit. L'humour me permet de m'en approcher en toute impunité. Par la grâce de la fiction comique, j'élargis sans risque ma marge de manœuvre. Encore ça de gagné.

QUAND MÈRE S'ISOLE derrière la porte des toilettes, je comprends assez vite maintenant de quoi il retourne. Et j'estime de mon devoir d'en informer tout le monde. Je me dirige donc d'un pas ferme vers l'assemblée de grandes personnes à table. J'avise la compagnie en ces termes : « Maman fait caca. » Cette information est accueillie avec, me semble-t-il, une gêne amusée. Un flottement s'ensuit.

Il faudra qu'on m'explique un jour le rapport ambigu qu'entretiennent les adultes avec le caca. Il flotte autour de cette activité un parfum sulfureux. Sur cette question, les grands oscillent entre malaise et rire.

Je trouve mon approche beaucoup plus saine : je m'intéresse au caca, comme à toutes les productions de mon corps, sans chichis. Sans tourner autour du pot.

DANS MON UNIVERS QUOTIDIEN, il y a les objets dont je connais la fonction. Mieux encore, ceux dont je connais la fonction *et* le nom. Et puis, il y a le reste. Ces assemblages abstraits, opaques, de matière dont j'ignore tout, sinon l'aspect. Dans ma quête de sens, je suis comme dans une pièce sombre avec une lampe de poche. Le faisceau se balade, met en lumière au hasard des objets que j'identifie. Il vient donner du sens à quelques éléments de ce capharnaüm obscur. Là, je reconnais une table, une chaise, un verre. Le reste est dans l'obscurité du non-sens, de l'inintelligible.

Cette pénombre n'est pas désagréable car je ne ressens aucune hostilité de la part des objets. Leur présence est neutre, juste porteuse d'une forte potentialité. À tout instant, ils peuvent basculer du noir vers le faisceau de lumière. D'ailleurs, chaque jour, certains me révèlent leurs fonctions et leurs noms. Ils sont comme des amis qui me font la blague de surgir de derrière le rideau.

AUJOURD'HUI, père m'a appris *le partage*. Ça avait l'air important pour lui. Il m'a dit d'une voix solennelle, en me montrant le creux de sa main : « Voila deux Smarties. Un pour Antoine (il détache bien les syllabes, avec une certaine emphase) et un pour papa. »

Avec autant de solennité, j'ai pris le premier. Je l'ai mangé consciencieusement. Et le second, je l'ai mangé aussi. Père a pris un air dubitatif. Il a secoué la tête et remis deux autres Smarties dans le creux de sa main. « Un pour Antoine, un pour papa. D'accord ? » Oui, bien sûr, d'accord. C'est pas sorcier. Je prends le premier que je mange. Et le second, que je mange aussi.

Ainsi s'est achevé mon premier cours d'instruction civique sur le partage. J'ai bien aimé. Effectivement, cette notion de *partage* est très importante. Grâce au partage, je me suis avalé quatre Smarties. Alors qu'avant, sans le partage, je n'avais droit qu'à un seul. Désormais, je me jure de toujours partager.

ÇA Y EST ! Je sais d'où viennent les pots, les gâteaux et les bananes. J'ai vu les mêmes, en quantité sidérante, dans un endroit que l'on appelle magasin (prononcez « maazin »). Jusque-là, cette nourriture sympathique était d'origine céleste, et voilà ce lieu, bien terrestre, qui en aligne des rayonnages entiers.

Un fil s'est noué entre les deux dans mon esprit. Ou plutôt une guirlande d'ampoules scintillantes, traçant une ligne lumineuse dans la nuit sidérale, que mon esprit reconnaissant parcourt à la vitesse, précisément, de la lumière.

AUJOURD'HUI, j'ai pu constater l'incroyable ingéniosité de l'esprit humain. Pas le mien (pas encore). Celui de père. Avec ce genre d'astuce qui fait la grandeur de l'homme. Nous étions, père et moi, au bain. Tout à coup, quelque chose me remonte le long des fesses, puis du dos. Une fois, deux fois, trois fois. « Plop », font-elles à la surface. Tiens, des crottes. Cet événement n'a rien de fâcheux pour moi, mais j'ai déjà eu à constater l'agitation dans laquelle il jetait père. Là, bien que les trois crottes fussent moins menaçantes, je guettais père du coin de l'œil et lui signalais la flottille suspecte surnageant dans nos eaux territoriales.

Au lieu de l'alerte générale et du signal d'évacuation redouté, j'ai vu père considérer gravement la situation, puis saisir ma petite épuisette en plastique vert. Consciencieusement, avec une maîtrise totale de ses nerfs, il a capturé une à une les bombes flottantes ennemies avant leur dispersion irréversible, et les a déposées au pied de la baignoire.

Je n'ai pas perdu une miette de la manœuvre, ni lui une seule des crottes intruses. J'ai mesuré ce jour-là la capacité infinie de l'esprit humain à répondre aux événements provenant de l'extérieur. Et même ici, on peut dire, de l'intérieur.

À MON AMI PAUL, j'ai imposé ma conception du *partage*. Cette fois totalement conçue et appliquée par moi-même. « À moi le bonbon, à toi le papier. » Ça a marché. Décidément, j'aime le partage.

JUSQU'À PRÉSENT, dans le domaine du langage, je n'avais fait que des incursions timides, me limitant à la pratique de mot isolé. « Manger », « chaussure », « poussette ». Deux syllabes quand même, mais je sentais qu'en termes de stratégie de communication, c'était un peu sec. Même si, à force de répétition, je finissais toujours par obtenir ce que je voulais.

Petit à petit, j'ai juxtaposé deux groupes pronominaux avec un certain succès d'estime : « Antoine manger. » Très peu de temps après, j'enquillais, tranquille, un retentissant « Antoine manger frites » qui me valut le respect de mes contemporains immédiats. Enfin, récemment, sans vouloir la ramener, je me suis fendu d'un « Antoine manger frites comme papa » salué d'un tonnerre d'applaudissements, une *standing ovation* (d'autant plus facile à obtenir que mes parents étaient déjà debout).

Oh, je ne m'accorde pas un mérite excessif. Ces membres de phrases se sont alignés sans effort. J'ai eu la même impression de déclic en assemblant pour la première fois trois Lego. Ça tenait ! Finalement les phrases sont des constructions de Lego avec lesquels on bâtit des petits murets ou de vastes maisons alambiquées.

J'ai hâte d'offrir à mes parents un château de mots.

— L'EST OÙ, maman ?

— Ta maman est partie travailler.

— L'est où papa ?

— Ton papa est au travail, aussi.

C'est marrant, ce mot « travail ». Je n'ai aucune idée de ce qu'il veut dire. Mais je le déteste déjà.

J'AI DÉCOUVERT le « C'est quoi ? ». Sous sa forme interrogative (esquisser une tonalité ascendante), il permet d'accéder au monde merveilleux du sens. Un objet, sur lequel je pointe le doigt en disant « c'est quoi ? » s'illumine. « C'est quoi ? » fonctionne à la façon d'un commutateur électrique. Plop, c'est un arrosoir. Plop, un hibou. Je répète consciencieusement, arrosoir, hibou...

Peu importe que je connaisse ou non le mot. Sa simple dénomination me l'a rendu amical. De même que les prénoms Paul ou Jeanne n'ont aucun sens en eux-mêmes. Mais leur rapprochement avec le gars Paul ou la fille Jeanne, au moment des présentations, suffit à jeter sur le nom et sur le visage un éclairage bienveillant. Un peu d'humanité est tombé sur tout ça. L'émergence du mot des profondeurs de l'obscurantisme ennoblit le mot lui-même, et collatéralement son porteur. Une synergie sympathique.

Le sens lui-même viendra plus tard, je ne m'inquiète pas. J'ai déjà ferré le mot. Il est au bout de ma ligne. La prochaine fois je mouline, et il viendra rejoindre tous ceux qui grouillent déjà dans ma bourriche lexicale.

JE FAISAIS DÉJÀ ce constat aux premiers jours de ma vie, et il ne se dément pas : tout me sidère. Je ne tiens rien pour acquis des détails de la vie auxquels vous vous êtes habitués. Le feu (épatant), la porte du frigo qui fait froid quand on l'ouvre, l'eau qui prend la forme de ce qui la contient (on peut obtenir de l'eau carrée ou ronde !). Bref, j'ai constamment les yeux ronds comme des billes devant les mille miracles de tous les jours.

Et pourtant, paradoxe typiquement bébé, des événements qui créeraient chez vous la stupeur me laissent froid. S'il se mettait à faire nuit en plein jour, je ne suis pas sûr que ça retiendrait mon attention. De même, un troupeau de vaches qui nous survolerait tout à coup vous jetterait au sol de stupéfaction : pas moi. « Mais enfin, penserais-je en vous aidant à vous relever, calmez-vous, ce ne sont que des vaches ! »

POUR M'ENDORMIR, père me joue sur sa guitare quelques airs enjôleurs. L'ambiance est chaude. La guitare assure bien. Je n'ai pas envie qu'on se quitte. Pourtant, au bout de trois titres et malgré mes rappels, il veut partir. « Maintenant la guitare va faire dodo ! » m'annonce-t-il en escamotant l'instrument.

Alors là, non. Faut pas me prendre pour un imbécile. « La guitare va faire dodo », à qui il croit faire gober pareille baliverne ? J'ai bien vu que la guitare était en pleine forme, et qu'elle n'avait aucune intention d'aller faire dodo. Excitée comme elle est, elle n'est pas au lit avant deux ou trois heures.

S'IL Y A UN SENTIMENT dont nous sommes incapables, c'est le cynisme... Il est aux antipodes de nos valeurs. Les cyniques, ils le portent sur leur mine. Moi, si je voulais me faire passer pour un cynique, je serais trahi par ma bouille. Mes joues rondes et mes yeux prêts à rire ou à pleurer, parfois les deux en même temps, ne dégagent définitivement pas une impression de cynisme. Le cynique est revenu de tout. Moi je suis parti de rien. On n'est pas fait pour se croiser.

AU JARDIN PUBLIC, avec mère. Elle m'a lâché la main. Il y a une grande allée. Tout à coup, une impulsion irrésistible : courir ! Alors je cours, droit devant moi. Je suis (du verbe suivre, mais aussi être !) une ligne droite qui me propulse toujours plus loin. L'enivrement me gagne. Là, sur cette ligne sans fin, la liberté semble être pareillement infinie. Pas de limites, pas de murs ou de barrières, aucune de ces choses destinées habituellement à contenir mes élans. Cette sensation est unique, je veux l'éprouver jusqu'au bout, s'il y en a un.

Enfin, je m'arrête. Et là, l'effroi. Je suis dans le vide sidéral : un endroit où il n'y a pas ma mère. La planète vient de se désertifier sous mes pieds, avalée par la nuit noire de l'éternité. Autour de moi l'infini du vide, le Grand Rien. Je pleure, bien sûr.

Mère arrive, me prend dans ses bras, et reconstitue l'univers d'un seul coup. L'espace retrouve sa structure amicale, le monde est à nouveau habité et doux, et les deux seins du monde sont en place, à leur place, autour de mes joues.

Pourtant, en quittant le parc, une cruelle impression me reste. Tout s'est passé si vite. Si vite, j'ai touché ce fameux vide sidéral. C'est donc qu'il m'entoure en permanence ! En voilà une révélation : l'infini est autour de moi, et je peux y tomber à chaque instant, en quelques secondes. Je suis un équilibriste qui côtoie l'abîme, frôle le Néant.

Je serre la main de maman très fort.

TIENS, UNE PHOTO EN NOIR ET BLANC qui traîne sur une étagère. On y voit un bébé debout, accoudé à une poussette, dans une cour pavée. Je la montre à père. « Tu sais qui c'est ? », il me demande. Bien entendu je sais, y a pas trente-six bébés dans cette maison. C'est moi. « Antââne ! » dis-je, avec aplomb. « Non, me reprend-il, c'est papa ! »

Attends, attends, pas de panique, reprenons calmement. Cette photo, une photo de père ? Je la regarde à nouveau, interloqué. Alors là, je vois pas. Ce bébé, mon père ? Qu'est-ce que c'est que cette histoire ? Comment ce bébé pourrait-il être mon père alors qu'ils n'ont rien en commun, ni les vêtements (une espèce de barboteuse grotesque comme je n'en ai jamais vu), ni le visage, poupin, ni la taille, quasi naine sur le cliché… « C'est papa », répète-t-il, hilare. Père est devenu fou. Comment pourrais-je être le fils d'un bébé ?

LE MATIN, le choix de mes habits est affaire d'impulsion. Je les passe en revue d'un rapide coup d'œil. Et hop, je n'hésite pas. Ce T-shirt, et cette salopette. Vous me mettrez aussi ces chaussons en forme de lapin. Mes critères ne sont jamais d'ordre pratique ou de confort. Il faudrait pour cela que j'envisage des paramètres insensés comme la météo (impossible : je ne me projette pas dans le futur, c'est un principe chez moi, alors dans l'espace, qui plus est extérieur, non merci !).

Quant aux considérations esthétiques, laissez-moi ricaner. Votre sens du beau et du complémentaire, les contingences de la mode, me semblent dérisoires, moi qui viens du monde de l'absolu.

Non, je choisis ce T-shirt à cause du mouton dessus, et cette salopette pour sa grosse pomme rouge. Qu'importe que l'un soit orange et l'autre rose, entre nous on s'en fout. Il arrive que mère tienne à tout prix à m'imposer ses partis pris saugrenus de couleurs complémentaires, mais père est plus facile à convaincre. Il suffit de quelques trépignements bien choisis, et l'affaire est conclue.

J'arbore ainsi ma tenue chamarrée, dans les bras de père qui essuie, piteux, les quolibets de quelque amie de rencontre. Moi, je m'en fous, j'ai mon mouton et ma pomme. Le reste n'est que littérature.

MÈRE SEMBLE VOULOIR m'apprendre quelque chose. J'ai du mal à fixer mon attention, mais faisons-lui plaisir. Il y a peut-être une récompense dans l'air. Elle me montre un pull. « Un pull », dis-je triomphant, en le montrant du doigt. Facile ce jeu. Ah ? Non. Elle me dit « rouge ». Aïe ! Voila encore une chose qui change de nom. Bon, je retiens. Rouge, OK, pourquoi pas.

Elle me montre un autre pull. Cette fois, je ne tombe pas dans le piège. « Rouge ! » je dis, avec assurance. « Non. Vert », me dit-elle. Oulà, ça se gâte. Les choses changent de nom à une vitesse dingue. Je sais pas si je vais pouvoir suivre. Bon, je répète le nom de cet ancien pull : « Vert ! » Voilà, c'est bon ? On a trouvé un terrain d'entente ? Ça va, elle a l'air satisfaite. Pas facile, hein ? Faut tout négocier. Alors, ce bonbon ? !

Maintenant, elle me sort une chaussure. Je suis méfiant, pour moi c'est une chaussure, mais je la laisse parler la première. J'ai bien fait. Elle m'annonce « bleu ». Eh non, encore un objet qui change de nom ! Mais le pire reste à venir. Elle attrape encore une autre paire de chaussures, et me les présente : « Rouge ! » Là, c'est à devenir fou. Non seulement les chaussures viennent aussi de changer de nom en deux secondes, mais en plus elles ont pris le nouveau nom du pull ! J'en ai assez entendu. Je me lève et plante mère là, avec ses pulls déguisés en chaussures.

SOMMEIL ET VEILLE me proposent deux types de réalité différents. Fermer les yeux ou les ouvrir me donne accès chaque fois à un monde qui a ses codes, ses rituels. Je passe souvent de l'un à l'autre (avec ces siestes qui sont comme des nuits en plein jour), et très honnêtement, je ne saurais dire où est la réalité. Les deux univers me paraissent également vraisemblables.

Je poursuis un bout de bois dans le ruisseau en criant « le bébé bateau ! ». Vous sauriez me dire, vous, si c'est de la vie éveillée, ou une réminiscence venue des limbes du rêve ? L'un ou l'autre, j'y crois dur comme fer, l'émotion est la même. Et finalement, vrai ou faux, seule compte pour moi la véracité de cette émotion. C'est donc toujours vrai.

MÈRE FAIT une nouvelle tentative pédagogique. Elle me montre une petite voiture. « Blanche », annonce-t-elle. Ça recommence. Pour moi, c'était une voiture, mais bref, passons. Puis elle me sort une autre de mes voitures : « Jaune. » Ça y est, ça la reprend. Le nom vient encore de changer. Que cherche-t-elle à m'apprendre ? Que rien ne dure ? Que nous vivons dans un univers mouvant ? Je le sais déjà. Bon, quoi d'autre ?

Je veux bien faire un effort. J'observe attentivement ces deux voitures, leurs noms diffèrent, et pourtant, ce sont exactement les mêmes. Deux petites voitures. Je ne vois aucune différence. Sauf peut-être la couleur.

LE MIRACLE DU PÂTÉ. Il m'épate toujours. Sur la plage, père remplit le seau de sable. Puis, d'un geste à la fois souple et brusque, un tour de passe-passe d'une fluidité inouïe, il renverse le tout. Et hop, ce qui n'était que grains de sable fuyants, cette matière éminemment rebelle à la discipline devient un parfait pâté, lisse sur les parois, plat sur le dessus. La quintessence du pâté. Le pâté ultime. Alors que les miens sont foireux du dessus, et mous du côté. Ils ne méritent qu'un coup de pied sans appel. Ceux de papa sont des miracles.

On me présenterait un gars qui marche sur les eaux, je dirais : OK, pas mal, mais sait-il faire les pâtés comme papa ?

MES « POURQUOI ? » sont des coups de pied dans l'édifice universel dont je vérifie la solidité. Chaque « pourquoi ? » qui obtient une réponse me rassure sur la construction du monde. Les briques sont toutes à leurs places, et la maison globale est chaque fois plus solide sur ses fondations.

Mais que surviennent une hésitation, un silence gêné à la suite d'un « pourquoi ? », voire une contradiction entre père et mère, et une pierre de l'édifice roule au sol. C'est bientôt l'ensemble qui vacille, comme si chaque explication était une clé de voûte dont l'absence entraînerait la désintégration générale.

Dans l'univers que me bâtissent chaque jour père et mère, avec l'assurance des grands maîtres d'œuvre, ne peut se glisser la lame du doute entre deux jointures.

BON, ÇA Y EST, j'ai compris le coup des couleurs. Ça va, c'est bon. OK, c'est pas mal ce système de décryptage. Ça peut rendre service, je le concède. Les objets ont des noms, et *en plus,* ils ont des couleurs. Bien trouvé. Ça permet d'affiner la perception.

Néanmoins, si vous me permettez une petite critique, je dirais que ce système n'est pas fiable à cent pour cent. On ne peut pas accorder une totale confiance aux couleurs. Le marron, par exemple. C'est la couleur du chocolat (qui est très bon), et en même temps, c'est la couleur du caca (qui est très mauvais). Alors quoi ?

C'EST INDÉNIABLE : nous inspirons la sympathie. Qu'un adulte s'approche de l'un des nôtres et, dans les deux ou trois secondes, il se fendra d'un sourire. Si nous n'emportons pas systématiquement l'adhésion (certains humains sont insensibles à nos charmes, nous l'admettons, et les ignorons en retour), nous ne faisons pas peur. C'est vrai, il ne semble pas que nous puissions effrayer qui que ce soit, même au moyen d'une grimace. Notre faciès est résolument débonnaire ; il ne répand pas la terreur autour de nous, tant s'en faut. Nous sommes un peu prisonniers de notre image pacifique. D'ailleurs, on a rarement levé des armées de bébés pour repousser l'envahisseur. Et on a bien fait, parce que, je peux bien vous l'avouer, la guerre, c'est pas notre truc. Nous, on arrive dans la vie la bouche en cœur, avec une formidable envie d'aimer. Et, confusément, pour ce genre d'entreprise, on sent que c'est pas le bon outil.

CE QUE J'AIME dans le manège, avant même sa fonction ludique, c'est son aspect chamarré. Le décorateur a éradiqué toute idée de nuance, de pastel. C'est une orgie de couleurs fortement contrastées. Les rouges ne répugnent pas au voisinage des verts, et le rose s'invite volontiers dans ce spectre brutal, entre l'orange et le bleu vif. Tout ça brille et luit merveilleusement, vernissé à mort. Devant cette cacophonie de couleurs (cacochromie ?), ma rétine affolée papillonne en tous sens.

Mon goût du clinquant est délicieusement titillé, et tout ça stimule chez moi mon penchant naturel (déjà très développé) pour la gaieté. Il est possible que cette attirance ne soit pas conforme à une esthétique établie du « bon goût ». Moi, ce qui me satisfait, au-delà d'un pauvre sentiment intellectuel d'appartenance à une communauté subtile du Jugement Juste et Droit, c'est le plaisir incomparable de la cohérence entre le dehors des choses et le dedans. La sucette colorée et sa saveur forte. Cette voiture rouge du manège et la joie d'y monter. Même aspect, même contenu. L'émotion de voir, et l'émotion de faire. Un monde qui tiendrait ses promesses.

NE NOUS MENTEZ PAS. Jamais. Nous pouvons tout entendre, tout comprendre. Il suffit de nous dire, avec vos mots, peu importe. Même pour des détails sans importance, même pour une absence momentanée (pour nous autres bébés, une absence n'est jamais momentanée, elle est totale, brutale et définitive). Dites-nous, et malgré nos cris et nos pleurs, nous allons trouver dans votre confiance la force de nous accommoder de la situation. Nous sommes plus forts que vous ne le croyez. Et plus faibles aussi, devant le mensonge.

Ceux d'entre vous qui penseraient en être quittes par un mensonge, même léger, agissent peut-être alors par commodité. Mais ils s'exposent à un retour de bâton, quand le mensonge dissipé aura achevé ses dégâts invisibles. Le bébé dont vous n'aurez pas honoré la confiance infinie perdra forcément un peu de la sienne. L'univers s'avère susceptible de se dérober à tout instant, sous ses pieds. Les mensonges creusent leurs galeries invisibles, et un jour le sol s'effondre. Au mauvais moment. Les mensonges étaient légers, mais les conséquences seront lourdes.

En fait, aucun mensonge n'est léger, pour nous les bébés. Cette échelle d'intensité n'a pas cours. Nous ne pratiquons pas le plus ou moins. Nous sommes dans le plein, ou dans le vide. Avec nous ou contre nous. Sincère ou pas. Pour toujours ou plus jamais. Entiers. Et nous ne sommes pas pressés de vous rejoindre dans le morcellement.

Même si quelqu'un de cher meurt, dites-le. Surtout pas ces fictions de « parti en voyage », « envolé là-haut » qui nous jettent dans une attente sans fin du retour. Portes ouvertes à toutes les culpabilités, à tous les scénarios tordus qu'il nous faudra inventer plus tard pour combler le trou inexpliqué. Dites-nous : il est mort. Même si vous croyez que le message ne passe pas, et que nous continuons à folâtrer à nos jeux, insouciants. Quelque chose en nous l'a entendu. Et vous en remercie.

Deux ans

POURQUOI LES AUTRES ?

O JOIE DU PIQUE-NIQUE ! Toutes les règles volent en éclats. D'abord, on s'assoit dans l'herbe. Chatouillis des brins sur mes cuisses. Les couverts apparaissent dans une sarabande délicieusement anarchique, les assiettes miment tant bien que mal le cérémonial d'une table ordonnée. Mais sans pieds, sans nappe, on n'y croit pas une seconde. De toute façon, la nourriture, atterrie au centre dans une sorte de méli-mélo réjouissant, ne fera qu'un détour provisoire par les assiettes. On préférera bientôt une ingurgitation sauvage à pleines mains et pleines dents.

Emporté par ce joyeux maelström alimentaire, il m'est loisible de quitter cette parodie de tablée pour virevolter deci de-là. Je grappille ma nourriture en chemin, un bout de fromage là, un chocolat ici, un œuf chez maman, de la confiture chez papa. Personne n'assurant de suivi diététique, j'en profite pour chambouler les règles habituelles, et mettre en pratique mes principes intuitifs du « manger ce que je veux, quand je veux, si j'ai envie ».

Le pique-nique est un Éden terrestre enfin autorisé, sauf lorsqu'une averse impromptue nous arrache brutalement du paradis et nous jette dans l'enfer embué des voitures surpeuplées. Abandonnant derrière nous, par la vitre arrière, les reliefs de ce qui fut une terre sans mal, sans règles, sans tables ni chaises – qui croirait à présent que ce carré de boue ruisselant fut l'ambassade du bonheur ?

AU BAC À SABLE, quand, par distraction, j'ai oublié d'emporter ma pelle et mon seau, je trouve normal de prendre celui des autres bébés. Je m'empare des outils que je trouve et m'en retourne pratiquer mes travaux de terrassement dans mon coin. C'est normal. C'est ce qu'on appelle le *partage*.

En retour, quand je suis muni de mon seau et de ma pelle, et qu'un autre bébé désire mon matériel, je trouve normal de ne pas lui prêter. Car c'est le mien. C'est conforme à la haute idée que je me fais de la *propriété*.

Ce faisant, je redécouvre ces deux anciennes manières d'appréhender le monde qui divisent les hommes depuis des millénaires : solidarité ou individualisme, justice sociale ou défense de l'individu, service public ou intérêts privés... Voire progressisme et conservatisme, socialisme et libéralisme. Les grands débats de l'histoire de l'humanité sont ici convoqués, car ce qui est en jeu entre deux bébés autour d'un seau dépasse largement le bac à sable. Au cours de ces chicaneries, se rejouent les grands affrontements millénaires depuis l'âge des cavernes jusqu'à la guerre froide. Nos chutes du mur de Berlin sont simplement moins spectaculaires – quoique, à notre échelle, quelle différence ?

En observant nos divergences spontanées, n'importe quel tenant du néolibéralisme pourrait déduire que l'instinct de propriété et l'individualisme sont naturels chez l'enfant. Il en conclurait aisément que le capitalisme sauvage fondé sur l'appât du gain et la culture de l'ego est profondément humain.

Halte-là ! Mon comportement de bac à sable n'est pas un modèle de vertu, certes. Mais ne l'oublions pas : je vais apprendre. Ma conscience sociale, qui, elle, n'est pas naturelle, va se développer par l'éducation. Et il y a plus de gloire dans l'apprentissage que dans la stricte observance d'une inclination naturelle. C'est la grandeur de l'homme (et du bébé).

Quand je suis seul avec père et qu'un différend nous oppose, je pleure, je résiste, mais je suis obligé de composer, voire de céder. Je ne suis pas en position de force pour négocier. Qu'il fasse simplement mine de quitter la pièce, et tout mon système de défense est sapé par la peur de l'abandon. Ma reddition est alors totale.

Mais si par hasard mère se trouve aussi dans la pièce, alors je suis intraitable. Je procède à un renversement d'alliance sans aucun état d'âme et sollicite l'asile de l'ambassade maternelle, laissant père à ses diktats inopérants.

L'inverse est vrai aussi : je peux retourner sous la tutelle paternelle et dénoncer sur-le-champ mon pacte avec mère, à la faveur d'une contrariété quelconque. L'exercice de mon pouvoir nécessite de les avoir toujours sous la main, ces deux-là.

Je suis dans une voiture rose, sur un manège. Je roule depuis un moment en compagnie de collègues bébés, qui sur un éléphant à roulettes, qui dans un avion-tigre. Nous cheminons à belle allure. Mère, qui m'a déposé dans la voiture tout à l'heure, doit être loin derrière car nous avons parcouru un sacré bout de chemin. Mais elle ne me manque pas. J'aime ces moments d'indépendance où, en compagnie de mes confrères, nous rivalisons d'audace sur cette route sans fin.

Quand soudain, sur le bas-côté, j'aperçois mère, tout sourire et agitant la main. Incroyable ! Je me mets à scruter avec attention le bord de la route, alors que jusqu'à présent j'étais plutôt concentré sur la conduite. La voici, à nouveau, tout sourire encore ! Et encore et encore. Et quand la voiture s'arrête, elle est là, parvenue au but avant moi, et m'extirpant déjà du siège. Mère, infiniment présente dans ma vie, au-delà même de ce que j'imaginais.

Et ce vélo de bébé… Il va grandir aussi ?

Mon père, ça le fait bien rigoler, cette affaire de zizi. Il voit des zizis partout. L'autre jour, il me demande où est le zizi du camion. Je regarde sous le camion, pas de zizi. Plus tard, je lui montre une vache, avec entre les pattes au moins une dizaine de zizis. Ça devrait le calmer.

De toutes les civilisations, je suis sûr que nous autres bébés sommes les seuls à faire caca en mangeant. Culturellement, ces deux fonctions sont dissociées. Mais nous, nous faisons fi de ces délicatesses de chochottes. En toute décontraction, loin des tabous et jugements a priori, il nous arrive de produire sans barguigner, au beau milieu du repas, de somptueux cacas puissamment odoriférants.

Nous évoluons ainsi dans une sphère purement biologique, embrassant toutes nos fonctions naturelles d'une même humeur, sans en répudier aucune, sans y voir aucune incompatibilité ou atteinte à la bienséance. Nous sommes dans le corps, comme nous sommes dans l'instant. Un et indivisibles.

J'ai bien compris que placer le vocable « pas » dans une phrase entraîne une forme de négation : « Froid et pas froid. » OK. Pas froid est donc l'inverse de froid, vous me suivez ? Donc à la question : « Tu as froid ? », je réponds : « Non » (si je n'ai pas froid). Et à la question : « Tu n'as pas froid ? », je réponds : « Oui » (puisque je suis d'accord avec cette affirmation et que je n'ai pas froid). Eh ben, ça ne marche pas ! Combien de fois je me suis retrouvé avec un pull inutile, pour avoir dit « oui », alors qu'à ces deux questions, pourtant opposées, il fallait répondre *la même chose*. « Tu as froid ? Non. Tu n'as pas froid ? Non. » Décidément, je vous trouve tordus.

PÈRE ME DEMANDE ce que je dessine, en désignant tous ces traits mélangés sur ma feuille. Je lui explique posément l'évidence : là c'est papa, ici maman, et là c'est la chienne Zazie. Au cas où il n'aurait pas remarqué. Il considère la feuille un instant, puis me demande s'il peut conserver le document, au titre de cadeau. Je le lui cède bien volontiers, n'étant pas avare de ma production graphique.

Du temps passe là-dessus, peut-être une semaine, et père revient à la charge avec mon dessin sous le bras. Interrogateur, voire suspicieux, il me glisse sous les yeux le même enchevêtrement de traits en me demandant ce que c'est d'un air faussement détaché. Un coup d'œil me suffit, la réponse est simple : c'est papa, maman et Zazie.

Je le sens vaciller. Il s'éloigne et montre le dessin à tout le monde autour de lui, en me désignant avec de grands gestes épatés. Je suis ravi de l'admiration qui m'est dévolue, mais je ne mérite pas cet excès d'honneur. Parfois, père a, je trouve, l'étonnement facile à mon sujet. Étant l'auteur du dessin, c'était pour moi, si je puis dire, un jeu d'enfant.

ÉCOUTEZ-NOUS ! Même si le sujet ne vous paraît pas important. À nos yeux, il l'est toujours. Écoutez notre colère… Qu'elle soit objectivement fondée ou non – pour nous, « objectivement » ne veut rien dire : elle est là, cette colère, elle est donc fondée.

Il ne s'agit pas de nous obéir, ou de céder à un caprice. Mais d'écouter avant de répondre. Le minimum syndical d'attention. Car si nous avons été écoutés, nous serons plus tard capables de tout entendre. Même ce qui nous paraissait alors inacceptable.

Merci de confirmer également la légitimité de notre présence sur Terre. C'est autant que nous n'aurons pas à revendiquer adulte, par d'autres moyens.

AUTRE COLLISION de mots : « bateau » et « bâton ». Honnêtement, la sonorité est si proche qu'il est normal que je les confonde. Je résous cette difficulté linguistique à ma façon : dans le ruisseau, je me sers de bâtons pour faire des bateaux. Ça revient donc au même. Au plus simple, toujours ! Confiez-moi la langue française, et je me charge de sabrer là-dedans avec délectation.

À LA MONTAGNE, j'ai découvert le vol. Je montais sur un petit muret, et je sautais dans le sens de la pente. Un sentiment exaltant m'habitait pendant toute la durée du vol. Autant que je me souvienne, jamais auparavant je n'avais tenu aussi longtemps éloigné du sol sans l'aide de quiconque.

Autre plaisir, à l'issue de ce déplacement aéroporté, celui de l'atterrissage, sous forme de roulé-boulé. Ou alors de réception sur le ventre, mais sans gravité, grâce à ce mélange de neige et de boue, amortisseur efficace. Je dis « sans gravité », ce n'est pas l'avis de mère. Elle fustige le brouet boueux dont je porte sur moi le doux souvenir, et auquel elle doit pourtant ma survie.

DÉCIDÉMENT, quelle que soit la forme que prend l'eau, elle me fascine. À la montagne, elle se fait petit torrent bondissant. Pour moi qui l'ai connue étale et vaste à la mer, ou emprisonnée dans une bouteille, c'est un régal de la voir se déplacer avec une telle facétieuse liberté. Je lui confie la garde d'autres amis, les cailloux, plouf.

Au retour du torrent, nullement rassasié de mon amie l'eau, je marche encore dans les flaques, pour poursuivre notre conversation, flic-floc.

À TOUTES LES MATIÈRES CONNUES, la neige ajoute une nouvelle dimension. Elle donne dans le style froid et mou. Et trompeur. Marcher dessus, comme on le ferait sur la terre, c'est s'exposer à voir le sol se dérober, pieds aspirés vers les profondeurs de l'univers. J'aime pas. La neige résiste à la marche, en revanche nous fusons à sa surface, quand père me prend entre ses jambes sur la luge, et que nous dévalons la pente en hurlant de terreur.

À l'arrivée, en bas, quand nous versons sur le côté, dans une totale rigolade, là, je la trouve sympathique, la neige. Et puis je me remets à la détester quand je la sens dégouliner dans mon cou, le long du dos. Je ne sais jamais où en sont nos relations, la neige et moi.

ON A DÉCOUVERT une fourmilière au pied d'un arbre. Cette masse bruissant en tous sens, un sol mouvant, avait quelque chose d'effrayant. Et puis, une fourmi, seule sur le bout de mon doigt, qu'il m'était loisible d'écraser à ma guise, m'a donné au contraire une impression de fragilité. Face à l'inconnu j'hésite souvent entre ces deux sentiments : la peur devant ce qui me dépasse, l'envie de détruire ce qui ne me dépasse pas. Les fourmis m'ont fait les deux effets à la fois. Dans le doute, je leur laisse la vie sauve.

JE NE SUIS PAS encore capable de mentir. Mais j'y travaille. Si j'ai envie du très bon sirop, je déclare à mère sur un ton affligé que je suis malade. Ce n'est pas du mensonge, c'est de la ruse.

Si je n'ai pas envie de ce qu'on me donne à manger, je dis : « Non merci, j'ai déjà mangé. » Pas faux : j'ai effectivement déjà mangé. Hier. Ce n'est toujours pas du mensonge, mais on s'en approche.

Si j'ai cassé quelque chose et que les grands sont très fâchés, alors là, je panique, je nie les faits, j'affirme que non, rien ne s'est passé. Ça n'a tout simplement pas existé. Ce n'est toujours pas du mensonge, c'est du désarroi.

Et si on me met l'évidence sous le nez, les morceaux brisés, c'est insupportable, je pleure. Il est temps que j'invente le mensonge, pour me protéger de la tristesse.

J'AI OUBLIÉ MA MOTO JAUNE chez Sakina. Je ne pensais pas que l'absence de ma moto jaune me ferait autant souffrir. Une seule moto jaune vous manque et tout est dépeuplé.

J'AI COMPRIS la notion de « Moi ». Pas facile... Si on me désigne en disant « Antoine », là, pas d'ambiguïté, je sais que je suis Antoine. Mais si on me désigne en disant « Toi », le risque existait de penser que j'étais « Toi » (comme je suis Antoine). J'aurais donc été ce petit vocable « Toi », se substituant à Antoine. Logique. Je suis toi. Vous voyez l'erreur ?

Eh bien non, je ne suis pas tombé dans le panneau. Quand on me dit « Toi », c'est moi. Je l'ai compris, je sais pas comment. Je répète à l'envi ce « Moi » qui me réjouit. « Antoine », tout le monde le dit, alors que « Moi », s'il s'agit de moi, je suis le seul à pouvoir l'utiliser.

Ce « Moi » découvert et proclamé fièrement me comble, en même temps qu'il comble une petite place dans l'univers. La mienne. La place de moi.

EN REVANCHE, j'ai toujours un peu de mal avec les négations. Je me sers du « non » et du « pas » au petit bonheur la chance. Exemple :

— Ça va comme ça, Antoine ?

— NON ! Pas ça va comme ça !

NOUS SOMMES EN BARQUE dans les marais. Quand un cygne apparaît. Majestueux, immense. J'aime sa noblesse. Il file sur l'eau sans même nous considérer puis disparaît. « Encore, je dis à papa, j'en veux un autre, un autre cygne ! »

Père se lance dans une explication fumeuse d'où il ressortirait qu'on ne peut lui attribuer le mérite de cette apparition, il se défausse donc de la charge d'en produire un autre. Bref, il essaie de m'embobiner. J'ai l'habitude. Il va falloir négocier. Bon, s'il n'est pas d'accord pour un gros cygne, je revois mes exigences à la baisse, et je lui demande, le pouce et l'index joints : « Un bébé cygne, alors ? »

— TU AS FAIT un gros caca, Antoine ?
— Non. Un bébé caca.

UN ADULTE QUI PLEURE, quelle chose étrange. Ça me désarçonne. Pleurer, c'est un truc de bébé. Les grands, rien ne les atteint. Ils sont cuirassés. Ça m'agace, et en même temps ça me rassure. Ils ne sont pas faibles comme moi devant l'adversité (j'enrage), mais leur force est pour moi un repère (je me calme). Alors, un grand qui pleure, c'est de la dernière incongruité.

Quelle épouvantable chose a pu ébranler ces rocs ? Je ne veux même pas le savoir. Si eux, ça les fait pleurer, moi, ça me tuerait.

JE NE SAIS PAS QUOI FAIRE avec la tristesse des adultes. Si, à l'issue d'un conflit, je rejette violemment père, et choisis les bras de mère, en le regardant du coin de l'œil avec défiance, je sens que ça l'attriste beaucoup. Il part dans son coin, un poids sur les épaules. Impossible, je n'ai pas pu produire cet effet, moi qui ne suis rien et père qui est tout-puissant ! Je n'ai pas ce pouvoir ! Pourtant si, car j'ai celui de lui rendre le sourire en lui ouvrant les bras.

J'AI TROUVÉ une bonne question. Une de celles qui ouvrent un abîme sous les pieds, car elle touche à l'essentiel de l'essentiel. « Pourquoi une vache ? » Là, je sens mes interlocuteurs à court d'arguments. Les voilà confrontés à de la métaphysique sans fond. Ils ne s'y attendaient pas. Pour gagner du temps, ils répètent douloureusement la question : « Heu… pourquoi une vache ??? »

Ceux qui me trouvaient superficiels doivent réviser leur jugement dare-dare.

J'AI TOUJOURS BESOIN d'être dans les parages de papa ou maman. S'ils s'éloignent trop, je recherche leur contact. Peur de la solitude et de l'abandon ? Pas seulement, c'est aussi qu'ils dégagent des ondes qui me nourrissent.

C'est ce que les parents peuvent nous apporter de mieux, au-delà des mots, des principes d'éducation et toutes sortes de choses rationnelles et raisonnables. Des ondes enveloppantes, protectrices et stimulantes. Je suce cette énergie vitale comme je tétais autrefois le lait.

DANS MON BAIN, l'autre jour, j'ai distinctement entendu le flacon de shampooing faire un prout quand je l'ai ouvert. Le même son ample, vif et onctueux. Ça lui a donné d'un coup plus d'humanité.

DE TRÈS LOIN, j'ai vu des bébés vaches. Mais alors très petits. On s'est approchés. Le temps qu'on arrive, ils étaient devenus de grosses vaches. Plus j'approchais, plus elles grandissaient, devenaient adultes, à une vitesse dingue. À ce rythme-là, à peine aura-t-on tourné les talons qu'elles seront mortes de vieillesse.

LE CHAT A FAIT UNE BÊTISE (prononcez « bitisse »). Il a fait tomber un verre. Je le montre à mère. C'est une bêtise ça, non ? Je suis pas peu fier de l'avoir compris, ce mot, bêtise. Car la bêtise ne désigne rien en particulier. C'est un terme générique, qui regroupe une foule d'actions en général passionnantes. Il fallait le saisir ça, mine de rien. Ne pas croire (bêtement) que la bêtise c'est faire tomber un verre (trop facile !). Non, la bêtise c'est aussi casser une lampe, pisser dans la maison, etc.

Bon, vous sentez que j'ai à nouveau franchi un cran supérieur dans l'apprentissage du monde ? Je comprends qu'un même mot puisse désigner toute une *catégorie* de choses différentes. Vous avez oublié ce qu'il faut de puissance analytique pour *juger* un acte (casser un verre) et le *ranger* dans la case mentale « bêtise » (« bitisse »). Vous, vous faites ça sans vous en rendre compte, les doigts dans le nez. Pour moi, c'est une sacrée victoire sur la barbarie du non-sens.

À PROPOS DE CATÉGORIES, je divise sommairement les choses en deux. Les vivantes et les inertes. Ça fonctionne assez bien : d'un côté les choses vivantes (gens, chiens…) de l'autre, les choses inertes (les choses). Quand même, les jouets m'intriguent. Où les placer ? Je ne peux pas les considérer irréfutablement comme inertes, car je sens la vie en eux. Pourtant, ils ne bougent pas !

Quoique… Je ne les retrouve jamais à la même place.

PÈRE CONSTRUIT une maison de Lego. Du bon boulot, honnêtement. C'est plein d'angles droits, ça tient debout, ça monte haut. Il s'en sort plutôt bien. J'adore le voir travailler. Puis il s'absente à cause de je ne sais quel coup de téléphone. Moi, je continue à jouer, car aucun coup de fil ne saurait m'en empêcher. Je démolis donc la maison de père de deux coups de pied bien placés, suivis d'un coup de poing sur la tour qui avait survécu.

Lorsque père revient enfin, sa mine se défait devant les ruines. « Mais… tu as cassé la maison que papa avait construite pour toi ! » dit-il attristé.

Je lui réponds joyeusement : « Oui ! » Et pourquoi serait-ce triste ? Je me suis beaucoup amusé à la démolir. La réaction de père m'indique que, dans son esprit, détruire est négatif. D'où sa muette réprobation. Alors là, pardon père, mais je ne souscris pas à ce processus normatif. Détruire est au moins aussi rigolo que construire.

Si vous vouliez me faire plaisir en construisant cette maison, c'est réussi puisque j'en ai eu en la détruisant. Ne nous laissons pas détourner du bonheur par vos jugements pragmatiques. Allez, on en fait une autre ? J'ai hâte de la casser.

EN ROULANT SUR LE BALLON, je tombe. La chute est rude. Il y a vraiment de quoi pleurer. Pourtant, j'hésite, et finalement je ris ! Je mesure à quel point la frontière est fragile entre le drame et la joie, les larmes et le rire. La prochaine fois, si ça se trouve, je pleurerai. Je n'ai pas encore décidé.

À LA MONTAGNE, au cours d'une balade, j'ai découvert un animal terrifiant : la marmotte. Maman me l'a montrée de loin. Je ne l'ai pas vue, mais j'ai eu le temps de l'imaginer : un monstre ! Quand on s'approche, elle produit un sifflement strident. À vous donner la chair de poule.

Maintenant, quand je veux faire peur, j'imite la marmotte. Souvenir flou qui synthétise à lui seul tous mes fantasmes de monstruosité. Je la mime comme je l'imagine : bouche tordue, sourcils froncés, et les deux mains aux doigts crochus. Elle marche à pas immenses, bras devant elle, en produisant un petit bruit de gorge qui, je présume, glace les sangs. Elle se dirige vers les humains en proclamant : « LA MA'MOTT'!! TENTION, LA MA'MOTT'!! »

L'effet doit être saisissant car aussitôt les adultes comprennent qu'ils n'ont pas intérêt à rester dans les parages de la terrible Marmotte de la Mort. Je suis le premier à avoir les jetons, et j'arrête immédiatement mon imitation effroyablement réaliste. Je passe ensuite un temps infini à convaincre tout le monde que c'est bien moi, Antààne, et non pas la marmotte. Ils n'en sont jamais totalement persuadés, et me considèrent longtemps avec méfiance. Qu'est-ce qu'ils sont impressionnables !

QUAND JE FAIS LA MARMOTTE (oui, j'ai pris goût à terroriser les adultes, c'est délicieux), et que je quitte la cuisine – où je viens de faire sursauter mère –, pour aller, les doigts crochus en avant, terrifier père dans la chambre, je traverse le salon inoccupé. Il est donc inutile, pensez-vous, de conserver la configuration marmotte, bouche tordue et sourcils froncés. Puisque personne ne me voit. Voilà bien un raisonnement de grand. C'est bien mal me connaître. Pendant toute la traversée du salon, j'avance à grandes enjambées, bras tendus, bruits de gorge à l'appui.

Je ne suis pas marmotte par intermittences, moi ! Je le suis tout au long du trajet ! Je le suis intérieurement et profondément ! Nous autres, bébés, ne *jouons pas* à être… *nous sommes* ! Ce n'est pas l'éventuel regard de l'autre qui va donner existence à cette marmotte, mais bien la puissance intérieure de ma conviction. Je ne doute pas une seconde être cette « Marmotte de la Mort ». Voilà pourquoi elle vous terrorise autant. Voilà pourquoi je suis pas trop rassuré non plus. Faut dire que moi, je suis carrément *à l'intérieur* !

J'AI BESOIN que les choses aient des maisons. La maison de la moto jaune, la maison des vaches, la maison des trains, voire, pourquoi pas, la maison des maisons. L'idée de maison est rassurante, protectrice. La maison est un repère, en même temps qu'un repaire.

MÈRE SE RISQUE à une imitation de cri animal. « C'est la maman de la marmotte ! » annonce-t-elle, ingénue. Alors là, je bondis. « NOOON ! » C'est impossible. La marmotte *n'a pas de maman*. La marmotte représente la sauvagerie à l'état pur. Elle ne peut avoir de maman. L'idée de marmotte est incompatible avec l'idée de maman. La maman, c'est la douceur, la chaleur d'un câlin. Une marmotte qui aurait eu une maman n'aurait pas viré marmotte. Elle ne passerait pas son temps dans les profondeurs insondables de la montagne à pousser des cris horribles pour terroriser les petits garçons. Une mère ne la laisserait pas faire ça.

Je le sais bien car quand je suis furieux, que je hurle et frappe, seuls les bras de mère m'apaisent. Je frémis à l'idée que, sans maman, j'aurais pu virer marmotte.

MAINTENANT, plus aucun animal n'échappe à mon élocution. Je prononce à la perfection le mot « éléphant ». Grâce à l'acquisition récente du *r*, je possède aussi le crrrabe et le crrrocrrrodile. Mais ma plus belle victoire, c'est assurément la capture sémantique de cet animal énorme qui se vautre dans la boue avec ses toutes petites pattes : le potopotame.

J'AIME BIEN interrompre le monde. Il suffit de fermer les yeux, et tout s'arrête. Ça me repose un peu, car je le trouve rudement agité, le monde. Lui aussi doit apprécier une petite pause de temps en temps. Inutile de me remercier, c'est bien naturel. C'est un don. Les yeux fermés, le monde n'existe plus, puisque c'est mon regard qui le fait exister. Prouvez-moi le contraire !

CONNAISSANT MA FASCINATION pour les marmottes, mère s'avise l'autre jour de m'acheter une carte postale. Elle a l'air ravie, sûre de me faire plaisir. Une photo de marmotte. Quelle déception ! C'est donc ça la « Marmotte de la Mort », l'animal mythique qui hante mes rêves… Un genre de peluche, nounours bonasse avec une dentition ridicule ? L'animal avec lequel j'ai terrorisé les populations !

Désolé de vous avoir dérangés. Si j'avais su que j'agitais la menace risible d'une boule de poils avec deux dents de lait, je vous aurais dispensés de vos frayeurs factices. J'aurais choisi un animal autrement monstrueux, dont le seul nom, scandé par moi, sourcils froncés, vous aurait glacés d'effroi : LE POTOPOTAAAAME !!!

MÉTAPHYSIQUE, SUITE. Mère souffle sur mon visage. « C'est comme le vent », je dis. Mais alors, pour le vent... Qui souffle ?

TOUJOURS CETTE FRAYEUR au moment de dormir... Comme si j'étais aspiré par le grand trou noir du sommeil. Que restera-t-il du monde à mon retour (si je reviens) ?

Heureusement, la main de père, dans la mienne, à travers les barreaux du lit, me retient à la vie. Une pression de temps à autre, pour vérifier qu'elle est toujours là, cette main dans la mienne. C'est fou ce qui passe, de chaleur, de douceur, par une simple paume. Sans mot, sans regard, sans geste.

Plus qu'à saisir les objets, voilà à quoi elles servent les mains : se brancher sur le courant de l'autre, ne plus faire qu'un. À cette nouvelle découverte, je m'endors.

AU RÉVEIL, prisonnier de mon lit à barreaux, je n'ai qu'une solution : appeler père. « PAPA ? ! » Aucune réponse. Que faire ? Je crois utile d'apporter une précision, au cas où : « Le papa d'Antoine ? ! »

« QU'EST-CE QUE TU AS mangé hier ? » Parfois, on me pose cette question. Là, pardon, je ne vois pas l'intérêt.

Ce que je mange aujourd'hui, OK ! La question est super intéressante, je suis prêt à en débattre. Mais, hier ? C'est quoi hier ?

Les grands vivent avec une dimension parallèle, accolée au monde normal, qu'ils appellent le passé. Quel monde étrange, le passé ! Un endroit plein de choses mortes qui encombrent les moments de vraie vie d'abstractions inutiles, de références absconses.

Les pâtes d'hier n'ont aucun goût. Celles d'aujourd'hui sont un délice. Entre les deux, je n'hésite pas une seconde.

JE N'AIME PAS non plus le monde de « demain ». Le monde de demain est rempli de choses fantastiques et excitantes. Mais *tu n'as pas le droit d'y toucher* ! Il faut attendre demain. Demain est une torture mentale qui fait exister maintenant des choses inaccessibles maintenant. Pervers, non ! ? Encore une invention de grand. Aucun bébé un tant soit peu sensé ne vous proposera de jouer *demain* ! Pure folie ! Jouer, c'est tout de suite.

Les grands, j'ai toujours l'impression de les tirer avec un élastique pour les ramener du passé à ici, ou du futur à maintenant. Ils tirent sans cesse dans les deux sens. Pourtant, quand, moment de grâce, on se retrouve juste entre passé et futur, chez moi donc, je les sens heureux, insouciants. Mais ça ne dure pas : les voilà qui tirent à nouveau sur l'élastique.

À LA RÉFLEXION, « demain » n'est pas tout à fait dénué d'intérêt. Demain peut servir à ranger des choses. Quand on me demande de venir me laver les cheveux, je propose : « Demain ! »

MÈRE ME CONVOQUE pour un lavage de cheveux. (C'est une manie !) Toujours au nom de sa logique tarabiscotée, elle me dit : « Hier, tu avais dit « demain »... Eh bien, ça y est ; demain c'est aujourd'hui... » Quel charabia !

« Non, rétorqué-je avec bon sens, demain, c'est demain. » Élémentaire. Les cheveux attendront donc demain. Je n'ai pas changé d'avis.

Et c'est pas demain que j'en changerai.

J'AI BEAUCOUP D'ESTIME pour la médecine. La médecine est cette science éminemment respectable qui consiste à mesurer l'homme, le peser, et enfin (finalité ultime, après toutes ces tergiversations) : lui donner un bonbon. Parfois, la médecine nous fait un peu souffrir en nous introduisant des lampes et des cuillères dans la bouche. Mais elle ne fait que son métier : vérifier que le bonbon pourra bien passer par là.

J'EXAMINE LA RÉALITÉ et j'en tire des déductions. Pardon d'insister, mais ce sont là les prémices d'une capacité de *raisonnement*. Je le dis non sans une fierté légitime.

Le chat saute dans l'arrosoir. Père demande (manière de me tester, je le connais) : « Le petit chat, il va sortir par le tuyau ? » Hoho, ne répondons pas à la légère. Examinons attentivement ledit tuyau, avec les trous minuscules au bout. Je sens qu'en moi le raisonnement se fait sans effort. Observation du réel + déduction. Je hoche la tête, et plein de componction, je livre mon verdict à père : « Non, ça ne passe pas. »

Comme pour corroborer, le chat quitte l'arrosoir d'un bond (et non à l'issue d'une improbable reptation par l'étroit conduit). Le réel a rejoint ma pensée. Une nouvelle connexion s'est faite.

Un jour, j'aurai recollé tous les bouts du monde.

MÈRE ME MONTRE son menton, et me dit que j'ai un peu de yaourt, là. Impossible, maman ! Comment pourrais-je avoir, *moi*, un peu de yaourt sur *ton* menton ? La logique de cette mère me désarçonne parfois.

LA PEUR... Quel sentiment fascinant. Elle me repousse autant qu'elle m'attire. Les grimaces de père me terrifient, et pourtant, dès qu'il a fini, j'en redemande. Je joue à m'approcher de la peur, tant sont mystérieuses les résonances qu'elle provoque en moi. En la convoquant, je suis comme un chercheur qui explore de nouvelles zones de lui-même.

Quand on croit en avoir fini avec le monde extérieur, l'intérieur se révèle aussi vaste.

JE RETIRE MON CHAUSSON et mère dit : « Il y a un éléphant là-dedans ! » Je retire l'autre chausson. « Et là, il y a une souris ! » Comment je fais pour croire qu'une même cachette puisse abriter un animal aussi gros et un aussi petit ? Ça, c'est bien votre genre de question. Je ne peux pas voir le bout de mon chausson. Il est donc relié au monde de l'invisible. Et dans le monde de l'invisible, tout rentre. OK ?

QUEL ÂGE AS-TU ? Ça va, j'ai appris la réponse à cette question. « Deux ans ! » Aucune idée de ce que ça signifie dans le détail. On me demande un renseignement sur moi. Je le donne, point. Les gens ont l'air satisfaits de la réponse.

L'AUTRE JOUR, pourtant, mère m'a gentiment corrigé. « Et demi », a-t-elle ajouté. « Deux ans et demi. » La précision devait être importante, car les gens ont hoché la tête. Du coup, moi je suis passé pour le couillon mal renseigné. Mais rien n'indiquait ce changement. Je suis toujours le même, non ! ? Quand et pourquoi je me suis pris ce « demi » supplémentaire ?

Décidément, ce monde est instable.

Deux ans et demi

EN FINIR AVEC LES BÉBÉS

Père m'emmène dans un endroit étonnant : c'est comme sous la mer, sauf qu'on est au sec et qu'on peut respirer. La mer est derrière une grande vitre. Pratique pour voir les poissons. Et là, il y en a un paquet ! Des gros, des petits, des multicolores… J'en désigne un, étrange, avec plein de cheveux. « C'est quoi, ça, papa ? » Il observe et me répond : « Ça, c'est un poisson ! » Bien. Et l'énorme, aux gros yeux, là ? Je sens père hésiter… « C'est aussi un poisson. »

Décevant, le paternel. À qui il veut faire avaler que toutes ces choses flottantes aussi dissemblables, minuscules ou énormes, argentés ou rouges, portent *le même nom* ! ? Déjà mon copain Paul et moi on n'a pas le même nom, alors que comparés aux poissons, on est plutôt pareils.

J'ai tout de suite senti que ce poisson-là n'était pas sympathique. Pourtant, on ne se connaissait pas. Je ne savais rien de lui. Je ne peux pas l'expliquer, je l'ai senti. Père m'a dit : « C'est un requin. » J'ai hoché la tête : « Pas gentil, le requin ! » D'où me venait cette impression fortement négative ? Impossible à savoir. Quelque chose dans l'œil ? Ou les dents ?

Après la visite, on est allé déjeuner au restaurant. Devant mon assiette pleine, je demande à père : « C'est quoi, ça ? » Père a déjà attaqué son plat, il me répond : « Du poisson. »

J'en reste bouche bée. Alors non, père, pas d'accord. Nous venons de nous esbaudir devant des poissons merveilleux et multicolores, ce n'est pas pour *les manger* maintenant ! Je n'arrive pas à croire à une telle désinvolture.

Si ça se trouve, le clown merveilleux et multicolore qu'on a vu au spectacle l'autre jour… on l'a mangé au restaurant après ! ?

Mes capacités analogiques sont à présent bien en place. Exemple : les rails de train. *A priori*, ces jantes en acier, tenues par des lattes de bois, posées sur le ballast et qui traversent les gares, ont peu de rapport avec les circuits de plastique moulé jaune ou rouge que l'on trouve dans ma boîte de Lego… Et pourtant, je les appelle aussi des rails. Les uns sont réalistes, les autres stylisés à l'extrême, mais ils proposent tous les deux le même train solidaire de son circuit, filant sur deux axes parallèles, et non libre de batifoler de façon anarchique, comme une bête voiture.

J'ai identifié, avec ma petite tête de deux ans (et demi, je sais), ce qui fait la spécificité du train et réunit, au-delà des apparences, tous les rails du monde, de ceux des grandes gares de TGV à ceux, colorés, de mes Lego. Excusez du peu !

Par le même processus intellectuel vivace et souple, j'assimile sans difficulté un rond sommairement dessiné, deux oreilles et une trompe symbolique à un éléphant. L'analogie, encore. Réalité ou stylisation, j'intègre tout dans mon univers, pour moi, tout est pareillement vivant. Le ciment de ces éléments disparates, c'est le plaisir.

Le plaisir rend tout cohérent. Le petit train cahotant qui crache sa fumée du dessin animé *Dumbo* comme le

TGV rutilant qui m'emmène à la mer. Ils me font voyager. Pareil.

MON PREMIER MENSONGE. Un jour, je vois le chat monter sur le meuble et faire tomber la lampe. Mère le gronde sévèrement.

Le lendemain, je renverse le vase. Il se casse. Aïe aïe aïe ! Mère accourt aussitôt. La scène de la veille me revient en flash. « C'est le chat ! » bredouillé-je. Mère regarde le chat, endormi en rond à l'autre bout de la pièce. Et le vase brisé en morceaux à mes pieds.

Le mensonge est un art que je ne maîtrise pas encore totalement.

PÈRE VEUT JOUER AU FOOT. Je pense avoir bien compris les règles : pousser le ballon du pied et courir après. Mais je ne comprends pas l'obstination de père à vouloir me prendre le ballon, alors qu'on en a une bonne dizaine d'autres dans le garage.

JE DÉTESTE le chien jaune du voisin. Il me fait peur. Il vient toujours dans notre jardin. Je m'en ouvre à père et, saisi d'une soudaine détermination, je lui proclame avec force mon intention d'aller tuer sur-le-champ l'intrus quadrupède. Je ponctue mon invective d'un moulinet de pelle à sable, qui sera l'arme du crime. Puis je me mets en route, écumant des naseaux, la tête dans les épaules et les poings fermés. À ce moment, nul doute ne m'habite, ce maudit chien va y passer.

Mais quand je le vois, au bout du jardin, tout jaune et farfouillant du museau, quelque chose en moi se met à mollir inexplicablement. Il s'approche et je tourne des talons, abandonnant ma pelle, pour courir à toutes jambes vers la maison. Encore frémissant, je me jette dans les bras de père, un regard en arrière vers mon ennemi poilu.

Et tout de suite ce questionnement : est-ce bien le même qui est parti en chasse et qui est revenu ? Comment puis-je être ces deux êtres si différents ? Le courageux et le fuyard. Je ne sais pas comment, mais je le peux. Surtout le second.

DES QUESTIONS ESSENTIELLES me taraudent… Les vaches mangent-elles des pâtes ? Où va l'eau de la baignoire après le bain ? Est-ce que les requins dévorent leurs amis ? Mon zizi fait-il dodo ?

J'AI APPRIS à me laver les dents. Le moment le plus rigolo, c'est quand on recrache l'eau du gobelet. J'ai mis longtemps à trouver le truc. Avant j'avalais tout, au grand désespoir de mère. Maintenant j'adore ça. Je recrache au moins cinq fois.

J'aime tellement que je saisis la moindre occasion pour recracher. L'autre jour, j'ai discrètement recraché mon jus de pomme dans la baignoire. Puis je suis allé demander encore du jus de pomme à père, pour recommencer.

— Déjà ? Qu'est-ce que tu as fait de ton jus de pomme ?

— Je l'ai recraché (toujours cette difficulté à mentir).

— Pourquoi ?

— Heu… Parce qu'il était pas bon (allez, on tente un mensonge).

— Et qu'est-ce que tu viens chercher ?

— Encore du jus de pomme (on va y arriver !)

— Pourquoi ? Tu dis qu'il est pas bon…

— …

Là, je me suis fait blouser en beauté. Je l'ai pas vu venir. Père m'a entraîné dans un de ses raisonnements alambiqués, et je m'y suis laissé enfermer comme un débutant.

Je tente un « si, il est bon ! » qui ne convainc personne, même pas moi. Et je m'éloigne avec prudence de la rhétorique paternelle, dangereux sables mouvants.

VEXÉ D'AVOIR FAIT PIPI dans ma culotte, je viens vers mère, pantalon trempé, et je tente un deuxième mensonge, en désignant ma baby-sitter : « C'est Stéphanie qui a fait pipi dans ma culotte. »

Ça passe encore moins bien…

LA MORT, je ne sais pas bien ce que c'est, mais j'aime m'amuser avec cette idée. Visant les grands de mon pistolet, je les somme d'être morts. Ils doivent mimer sur-le-champ l'immobilité totale, paupières fermées. Eux n'aiment pas trop ; ils se plient au jeu de mauvaise grâce. Ils font des morts contrariés, peu crédibles.

Je les sens un peu gênés aux entournures avec la mort. Il semblerait que la mort soit connotée négativement, voire qu'un climat de peur l'entoure. Sur ce genre de détail, je me sens différent.

Par exemple, cette grosse mouche sur le dos, dans ma main, les pattes en l'air. Inerte. Elle fait moins la maligne ! Elle est morte. Normalement, une mouche, c'est insaisissable, ça virevolte, ça fait bzzzz, c'est agaçant. Tu pourras jamais gagner contre une mouche. La mouche, c'est plus fort que toi.

Mais grâce à la mort, la mouche arrête de narguer son monde, elle se laisse manipuler sans moufter. Sympa, la mort.

EN SORTANT DU SUPERMARCHÉ, je vois un monsieur étendu par terre, sous des couvertures. Il fait très froid. J'avise père : « Il dort dehors, le monsieur ? C'est pas possible de dormir dehors ! Des gens peuvent marcher dessus ! » Père m'explique, mais je ne le sens pas très à l'aise, que le monsieur n'a pas de maison et que donc, il dort dehors.

Ça a l'air logique, carré, son raisonnement. Pas de maison, donc dort dehors. Et pourtant, quelque chose cloche. Je n'arrive pas à me faire à cette idée. Père a beau m'expliquer, la logique m'échappe. En plus, même s'il ne le dit pas, je sens bien que père n'est pas loin de penser comme moi.

ON ME DIT DE MAMIE qu'elle serait « la mère de mon père ». Quelle est cette nouvelle entourloupe ? La mère de mon père, je la connais déjà... C'est ma mère. Une mère, y en a qu'une. Ma mère, c'est ma maman et celle de mon père. Pour une fois que c'est simple, n'allez pas tout embrouiller.

AUJOURD'HUI, j'ai changé de catégorie. Les portes coulissantes à l'intérieur du TGV se sont ouvertes devant moi. Grande victoire sur l'indifférence du monde technologique à mon égard. Auparavant, j'avais beau me pointer au pied de la porte vitrée, rien ! Alors que n'importe quel adulte voyait la porte s'ouvrir automatiquement devant lui.

Ai-je soudain plus de poids dans le monde ? La porte vitrée a enfin reconnu mon existence. C'était comme une révérence. Je suis entré dans le compartiment en seigneur. Un pas de bébé pour l'humanité, mais pour moi un pas de géant.

L'EXPRESSION « JE PLAISANTE » est formidable. Je l'ai piquée aux grands. Elle m'est très utile. Elle permet de dire un truc énorme, puis de tout effacer ! On tente sa chance et si on voit qu'on a été trop loin, on revient en arrière...

— Je vais finir tout le paquet de bonbons !

— …

— Je plaisante !

JE NE SAIS PAS comment mais je sais que le moment où on me vise avec un appareil photo donnera plus tard une photo, un carré de papier avec moi dessus. Entre le déclic et l'apparition de cette photo sous mes yeux, bien plus tard, je ne sais pas trop ce qui se passe. Le lien est flou. Mais je l'admets. Pas besoin d'explication. Ma soif de connaître n'opère pas, elle laisse s'installer le mystère. Parfois le flou me suffit.

LA MER N'EST JAMAIS LÀ où on croit la trouver. Un jour très loin, un autre tout près. Toujours à déjouer mes plans. Pâtés ou baignade ? Avec elle, il faut renoncer à l'idée de refaire les choses à l'identique. Il faut la prendre comme elle vient. Ou comme elle part.

TOUTE LA JOURNÉE, j'ai fait le fou sur un de ces toboggans gonflables géants. Sous prétexte que le parc d'attractions ferme, les voilà maintenant dégonflés, tout plats. Toute cette joie par terre, figée dans une platitude morne. À peine le dos tourné. Mais alors… est-ce que tout se dégonfle, dès que je tourne le dos ?

Et cette prescience, soudain : mon père, ma mère, avec qui je suis joyeux, là… Un jour par terre, tout plats, dégonflés.

Je pleure.

QUAND JE REGARDE un dessin animé formidable, je ne peux pas m'empêcher de demander : « C'est pas fini ? »… Puis un peu plus tard : « C'est pas fini ? » Je suis heureux, alors j'ai peur que ça s'arrête.

J'aime tellement la vie. (Et la vie, au fait, c'est pas fini ?)

Ça y est, j'ai découvert un monde sans douleur. Un monde où tout est possible, où jamais la violence ne vient sanctionner le bonheur. Ce monde, c'est la piscine à boules du parc d'attractions. Tu es sur le bord, hop tu tombes, n'importe comment, de face, de dos… tu rigoles dans un bain de boules rouges, vertes, jaunes. Ce monde-là ne connaît que la rondeur. Pas la moindre aspérité. Quoique tu fasses comme bêtise, tout va bien se terminer.

J'ai décidé : je veux vivre là. Mais comment l'expliquer à père, qui m'indique de plus en plus fermement la sortie ? Hahaha ! Je crois que nous nous sommes mal compris, père. C'est ici que j'habite désormais, OK ? Alors bonjour chez vous !

Et pourtant me voilà, sanglé sur la banquette arrière, lèvre inférieure en avant, regardant défiler par la vitre un sinistre monde sans boules.

Un mot nouveau, épatant : « Peut-être. » Ce mot me fait entrer dans un autre type de réalité. Une réalité suspendue. Un entre-deux flottant entre le « sûr que oui » et le « sûr que non ». Il contient entre ses petites lettres l'infini possible du monde mais aussi l'impossible, si ça se trouve. Faut faire gaffe. Il a l'air super sympa, comme ça, tout ce qu'il propose fait vraiment envie, mais en même temps, tu ne lui fais pas totalement confiance. On ne peut pas exclure qu'il y ait de l'entourloupe dans l'air.

— On va au parc aujourd'hui ?

— Peut-être…

— Oui, peut-être ! je réponds en souriant.

Indécrottable optimiste, je ne peux pas imaginer qu'il en soit autrement. Ce « peut-être », c'est comme quand les grands ont un cadeau caché dans leur dos et qu'ils font mine de rien. Mais moi je vois bien les deux bras du « peut-être » qui disparaissent derrière le dos, dans la réalité infinie du possible, avec le parc au bout.

DANS LE BAIN, père me parle d'un genre de requin particulier, un requin, je le cite, « mangeur de zizis ». Le requin, en général, j'aime pas trop, mais alors le requin mangeur de zizi, je ne sais pas pourquoi, j'aime encore moins. Je me souviens du requin de l'aquarium, je regarde mon zizi… Sans vouloir m'offenser, je sens qu'il ne pèsera pas lourd dans la bagarre.

JE SAIS TOUT DE SUITE (comment ?) les gestes qui me respectent, et ceux qui ne me respectent pas… Hé, les grands ! Utilisez les mots que vous voulez, de toute façon, vos gestes vous trahissent.

MÈRE M'A ACHETÉ un requin. Oui, bon, un petit. (Je préfère. Autant pour n'importe quel jouet, c'est jamais assez gros, autant, pour le requin, petit c'est bien.) Avec lui, j'adore faire le pas gentil. Dans la baignoire, je sème la terreur, dévorant tout sur mon passage, éléphants ou cochons, sans distinction, et même le zizi de papa, tiens, hé ! je vais me gêner ! (Et sans un geste réflexe de père, il y passait !)

Faut me voir, je suis vraiment méchant ! Parlant d'une voix rauque, fonçant sur mes victimes, ignorant la pitié. Un délice. Une pause salutaire dans l'obligation d'être gentil. J'en conçois une profonde et trouble satisfaction.

Faire le gros méchant requin me permet de racler impunément dans mon grand sac de sentiments, en sortir ce qui gisait au fond, tout poisseux. Cette lie émotionnelle où, probablement, je suis moi-même un peu requin.

DANS UN DESSIN ANIMÉ, le soleil se lève. Je regarde par la fenêtre : il fait nuit.

Rien ne m'étonne.

LE CAUCHEMAR, c'est un immense circuit de trains avec plein d'aiguillages, de ponts fantastiques et de gares merveilleuses... Et une nuée de prédateurs-enfants qui fondent à tout instant pour me piquer mon train, me décrocher mes wagons, me prendre ma place devant la gare. Eh bien, c'est ce que m'a proposé père, un jour, dans un « salon de l'enfance ». « Vas-y ! Joue ! Tant que tu veux ! » me disait-il, inconscient. La menace permanente de la cohorte enfantine alentour ne semblait pas l'effleurer.

J'ai terminé la séance de « jeu » dans un état de stress terrible, avec le sentiment de m'être battu contre l'univers, même contre les démonstratrices du stand qui prétendaient, sourires mielleux à l'appui, que « les trains étaient à tout le monde, et qu'il fallait laisser sa place ». Ils ont bien mérité ma crise de nerfs. Quelle méconnaissance de la psychologie de l'enfant, dans ce prétendu salon de l'enfance !

Père, je ne peux pas vous en vouloir, mais comprenez qu'à la question enjouée : « C'était bien, hein ? », je n'ai pu que marmonner « hmmm ». Version la plus édulcorée de mon ressentiment, qui avait au moins le mérite de préserver votre affligeante innocence.

ELSA :

— Antoine... Toi, tu es mon *frère*... Et, moi je suis ta... ta... ?

— Tarzan !

LE CATALOGUE est un livre magique. Il recèle tout ce dont l'homme a besoin sur Terre : des trains, des aiguillages, des voitures de pompiers, des garages avec toboggans... Tout est là ! Comment un simple livre (mais le *catalogue* n'est *pas* un simple livre !) peut-il réunir tout ce qui me fait le plus envie ? Comment a-t-il pu débusquer mes désirs les plus secrets, et les étaler au vu et au sus de tous ?

Posséder un *catalogue*, c'est déjà un peu posséder tous les jouets... Là réside la magie. Le *catalogue* est un « peut-être » de papier.

MA PASSION pour les catalogues est telle que, dans les rayons d'un grand magasin surchargé jusqu'au plafond de vrais jouets, père me retrouve assis par terre, dévorant... un catalogue de jouets.

AVEC PÈRE, nous regardons le dessin animé *Mon voisin Totoro*. À un moment, les deux petites filles attendent le bus, qui ne vient pas. Totoro, un peu magicien, fait venir un bus en forme de chat. Les deux petites filles émerveillées montent dans le bus (le chat) qui s'élance vers le ciel et survole le paysage étoilé.

Émerveillé aussi, père me donne un coup de coude : « Et toi, tu aimerais monter dans le bus-chat ? » Alors là, encore une question stupide de grand. Je « n'aimerais pas y monter », *j'y suis monté* ! Au moment où les personnages étaient dans le bus, j'y étais aussi, comme eux, avec eux. Pas de différence. Je *suis* dans le film, moi.

Je jette un regard consterné à père : « Toi, t'es pas prêt d'y monter, dans le bus... T'es même pas monté dans le film. »

L'AUTRE JOUR, je rentre à la maison. Et tout de suite, dans le salon, quelque chose me frappe. Quelque chose d'horrible, mais je ne sais pas quoi. Si ! Il n'y a plus de télé ! Cet instrument fantastique, qui contient tous les dessins animés, a disparu. À sa place, il y a un tissu coloré moche. Forcément moche.

Abasourdi, contenant difficilement ma peine, je vais annoncer l'atroce nouvelle à ma sœur : « La télé a disparu, dis-je, maîtrisant mal un début de larmes, y a quelqu'un qui est venu et qui l'a pris. » Attendrie, elle me suit dans le salon. Là, incroyable, elle tire le rideau, et la télé réapparaît.

Une aussi fine épaisseur de tissu peut donc séparer de manière tranchée la douleur de la joie, une vie monacale du monde coloré de Totoro et ses amis ?

Ne jamais désespérer de la vie. D'abord tirer le rideau des choses.

PÈRE ME MET dans les bras de Bibiche, ma marraine, car il doit partir je ne sais où. Je ne sais jamais où. Je ne suis pas d'accord, et je hurle. Mais il s'éloigne quand même, et Bibiche m'arrache un peu plus à lui, tente de me calmer. « Je t'aime pas ! » lui lancé-je au visage.

Une fois père parti, me voici seul avec Bibiche. Je réalise mon erreur. Mon sort est désormais entre les mains de la personne à qui je viens de hurler mon non-amour. Stratégiquement, c'est maladroit. Ma survie est en jeu. Il me faut opérer une de ces volte-face dont j'ai le secret.

« Je t'aime, en fait », lui dis-je sans complexe. Facile car au moment où je le dis, je sens que c'est vrai. Je l'aime, ma Bibiche. J'aime les mensonges, quand ils n'en sont pas.

« JE T'AIME BIEN. » J'ai vite compris ce mot pourtant abstrait, « aimer ». Ce n'est pas comme « voiture » ou « pantalon ». On ne voit pas exactement ce que c'est. Mais on le sent. Tout de suite.

Aimer : le mot est à la fois flou et très précis. On ne peut pas confondre. Aimer, ce n'est pas « faire un bisou ». Non, c'est plus. Ce n'est pas faire un câlin non plus. On s'approche mais ce n'est pas encore ça. Non, aimer, c'est… aimer. Avec les mots, je peux pas dire mieux. Sans, je peux.

QUAND ON ME GRONDE TRÈS FORT, je panique. Tout s'effondre. Je ne reconnais plus le visage de père, courroucé. Je fonds en larmes. Entre deux hoquets, je n'ai que cette question aux lèvres : « Est-ce que tu m'aimes bien ? », que je répète à l'infini. Je n'arrive pas à dissocier la colère contre moi, de l'idée d'un amour qu'on me retirerait.

Le faciès toujours contrarié, père m'explique que gronder ne veut pas dire « ne plus aimer ». C'est encore du charabia. Le sens des mots, les raisonnements… Plus rien n'opère. Seules comptent ces ondes d'amour que je ne sens plus autour de moi à cet instant. Mais l'instant, pour moi, c'est comme « toujours ». Ou jamais plus.

L'EXISTENCE DU PÈRE NOËL, je ne l'ai jamais remise en question. On m'a exposé l'affaire sommairement : un type (le Père Noël) qui dépose des cadeaux (dans la cheminée), pour Antoine (moi). L'affaire était pliée. J'ai dit OK. J'ai admis ce principe d'emblée.

Et pourtant, il y avait peut-être matière à pinailler. Le montage de l'opération avait l'air plutôt grossier. Ça a un côté énorme, ce gars qui se farcit des descentes en cheminée pour offrir des trucs à un autre gars (moi) qu'il ne connaît pas. Et pourquoi, je vous le demande ?

Eh ben non, justement. Je ne vous le demande pas. J'accepte le bazar sans faire la fine bouche. Un seul détail me chiffonne : quand ?

Quoi ? Dans *un mois* ? Mais c'est trop long ! Pourquoi pas demain, tant qu'on y est !

PAUL, MON COPAIN PAULOT, « polochon, le roi des cornichons » (c'est maman qui l'appelle comme ça, en rigolant gentiment) (je rigole aussi, mais pas toujours gentiment), Paul donc, mon ami, est un gars sympa. Il est un peu plus jeune que moi, et c'est très agréable. Quand je vais chez lui, je lui pique ses affaires comme je veux, lorsque les grands ne regardent pas. Il a un garage, mais moins grand que le mien. L'autre jour, j'ai dû trahir mes sentiments à l'égard de ses jouets car tout le monde a souri quand j'ai dit : « Mon garage de Paul est moins grand que le mien. »

JE SUIS DANS LE MÉTRO avec mère, on rentre à la maison. Mère m'apprend que père sera là. Père que je n'ai pas vu depuis plusieurs jours ! Elle me propose de lui faire la surprise : on va arriver sur la pointe des pieds, et hop, coucou c'est nous ! Super idée ! J'adore surprendre les gens.

On sort du métro, on remonte à la surface. Et là, dans la rue, je commence la surprise. Je marche doucement, sur la pointe des pieds. Mère sourit et me dit que c'est peut-être un peu tôt. Qu'on commencera une fois dans l'appartement. Hmmm, moi je pense qu'on prend jamais assez de précautions.

PAUL, LUI, il m'appelle « Prout de mammouth ». Ce n'est pas non plus de la dernière élégance.

DES FOIS, LES MOTS font les fous ! Par exemple, père me tend mon chausson, en disant : « Mets celui-là d'abord, c'est le bon pied ! » Juste après, malicieux, il ajoute : « Un camion de bon pied. »

Dingue, non ? Ça ne veut rien dire, et pourtant, c'est rigolo. Je ne sais pas comment il s'est débrouillé, père, pour passer du chausson au camion de pompiers. Peut-être la couleur rouge ?

Je mets une marionnette de cochon sur mon doigt et je la fais parler à père.

— Bonjour !

— Bonjour le cochon ! Bien dormi ? (C'est bon, père est pris par le jeu.)

— Oui, bien dormi.

— Tu as dormi où ?

— Dans ma chambre... (Non ! erreur... Si je suis le cochon, ce n'est pas ma chambre. Vite rectifier le tir...) J'ai dormi dans la chambre de... (de qui déjà ? Ah oui...) Dans la chambre de moi ! (Non ! Encore raté ! Ah, c'est trop dur ces conversations. Quand père ne cherche pas à me piéger, je me piège tout seul.)

J'ai bien observé les grands lire. Je fais pareil. Sur ma boîte de train, offerte par le Père Noël, je lis le mode d'emploi devant tout le monde :

(Très concentré) « ... Le TGV... doit arriver à la gare... à quatorze heures... » J'observe l'effet sur mon entourage. Il me félicite et s'extasie que je sache lire. Je minaude, pas mécontent de mon effet.

En fait de lecture, j'ai beaucoup improvisé. Mais c'est peut-être ça, lire : deviner ce que raconte le texte. C'est peut-être même lire ce qu'on a envie de lire. En tout cas, moi je fais ça. Et ça marche plutôt bien.

J'ai envie de me démarquer de ces gens petits qu'on appelle les bébés. Oui, je sais, j'ai vu les photos, j'ai plus ou moins dû être ça à une époque. Mais le passé est le passé. J'ai plus trop envie qu'on me confonde avec eux. À chaque fois, à propos d'un film, d'un livre, ou d'un habit, je demande confirmation : « C'est pas pour les bébés, ça ? »

Car nous ne sommes pas du même monde, les bébés et moi. Ils sont braillards, trop agités, ou trop statiques.

Et puis cette incontinence, merci bien ! Pour tout vous dire, je les trouve un peu vulgaires. Quand j'en croise un, je le snobe.

Tout ce qui m'éloigne des bébés me rapproche des grands. C'est plutôt ça, la direction à prendre. Quand je fais pipi debout aux côtés de père, même geste, même jet, je sens que j'ai choisi le bon camp.

C'est mon anniversaire : deux ans et demi ! Quoi ? Trois ans ? Bon d'accord, trois ans (ne pas contrarier, anniversaire est synonyme de cadeaux, alors pas de gaffe, faisons toutes les concessions). J'ai vu chez un copain comment se passait un anniversaire. On éteint la lumière et, dans le noir, le gars de trois ans souffle les bougies. Fastoche.

Moi, mon anniversaire, on le fête après le déjeuner. Ça n'empêche rien : quand je vois le gâteau avec les bougies arriver, je cours appuyer sur l'interrupteur, pour faire le noir. Mais j'ai beau appuyer dans tous les sens, il fait encore jour ! Pas moyen d'obtenir le noir ! « La lampe est cassée ? » je demande. Éclat de rire général.

Ça commence mal, ces trois ans ; les interrupteurs ne m'obéissent plus, et tout le monde rit de mon malheur.

Trois ans ! Déjà ! Mes amis, je crains qu'il ne faille nous séparer. Pourquoi maintenant ? À cause du langage. Jusqu'ici je baignais dans le flou de l'informulé, au centre d'un monde que connaissent aussi les bêtes sauvages. Une sorte de paradis, certes pavé de petits enfers, mais libre de toute imprégnation. Maintenant, c'est terminé, car je commence à parler.

Et ces paroles ne sont plus uniquement les miennes. Je rentre dans un grand bain collectif. Avec vos mots, vous m'avez fourgué autre chose : une façon d'être, un modèle, tout un ensemble respectable et socialement nécessaire. Mais dans lequel s'est dissoute une certaine forme de virginité. C'est de là que je vous écrivais. Depuis ma préhistoire.

J'AI TROIS ANS. Je n'ai plus besoin de papa pour m'exprimer. Il est temps de le congédier. Je le remercie pour son travail quotidien, pour ces bribes qu'il a dû saisir dans des circonstances parfois extrêmes, pour cette attention patiente dont, éternel grand dadais, il ne se serait pas cru capable. Merci, père, ça ira maintenant.

Je vais laisser passer quelques années, le temps de pouvoir enfin relire seul mes notes. De revivre, en amnésique, l'étonnante odyssée de mes débuts.

Et de découvrir en filigrane l'autre aventure : celle d'un père au cœur du grand mystère de son bébé.

Remerciements

Merci à Patrick Bousquet, Frédéric Richaud et Pierre Makyo, pour leur soutien constant au projet.

Merci à Anne Sibran, sans qui, etc.

Et merci à Antoine (évidemment).

Bien-être

8587

Composition Nord Compo
Achevé d'imprimer en France (Malesherbes)
par Maury-Imprimeur le 22 janvier 2008.
Dépôt légal janvier 2008. EAN 9782290007105

Éditions J'ai lu
87, quai Panhard-et-Levassor, 75013 Paris
Diffusion France et étranger : Flammarion